VIE ADMIRABLE

DU SAINT PAUVRE

BENOIT-JOSEPH LABRE

VIE ADMIRABLE

DU SAINT PAUVRE

BENOIT-JOSEPH LABRE

AVEC

NEUVAINE EN SON HONNEUR

ET

NOTICE SUR LE PÈLERINAGE D'AMETTES

ARRAS

IMPRIMERIE DE LA SOCIÉTÉ DU PAS-DE-CALAIS

43, rue d'Amiens, 43

APPROBATION

de S. G. Mgr Lequette, Évêque d'Arras.

Vu le rapport qui nous a été fait sur la *Vie admirable du saint pauvre Benoît-Joseph Labre*, nous en autorisons l'impression et nous avons la confiance que la lecture en sera édifiante et contribuera à l'accroissement de la dévotion envers ce grand serviteur de Dieu auquel notre pays se glorifie d'avoir donné naissance.

Arras, 12 mars 1880.

† **J.-B.-J.**, Év. d'Arras, Boulogne et St-Omer.

AVIS DE L'AUTEUR.

Pour nous conformer au décret du Pape Urbain VIII, nous déclarons n'avoir l'intention d'ajouter qu'une foi purement humaine aux faits prodigieux rapportés dans ce livre, excepté en ce qui a été confirmé par la sainte Église catholique, aux décisions de laquelle nous voulons être soumis en tout et pour tout.

Comme S. S. le Pape Pie IX, par un Décret en date du 9 février 1873, a déclaré qu'on pouvait procéder à la canonisation du Bienheureux Benoît-Joseph Labre, et que les solennités de sa canonisation ont dû être retardées, à cause de la situation fâcheuse dans laquelle se trouve la ville de Rome, nous avons cru pouvoir donner le nom de *Saint* à Benoît-Joseph, en imitant d'ailleurs ce qui se pratique dans les diocèses d'Orléans, de Tours, etc.

HOMMAGE

DE

VÉNÉRATION ET DE RECONNAISSANCE

Depuis près d'un siècle, un grand nombre d'écrivains se sont fait un devoir de retracer la vie du pieux pèlerin, du saint pauvre, Benoît-Joseph Labre, dont la réputation de vertu et de sainteté s'est répandue dans le monde entier.

A la vue de ce livre, peut-être sera-t-on tenté de s'écrier : « A quoi bon une nouvelle histoire de Benoît « Labre? Les presses d'Arras, de Paris et de Lille « n'ont-elles pas suffi pour satisfaire à la pieuse curio- « sité du public de connaître la vie admirable de ce « Saint, successivement couronné de l'auréole de la « béatification et de la canonisation ? »

Personne n'apprécie plus que nous, les ouvrages publiés par le R. Père Desnoyers, par M. le Chanoine Robitaille, par M. Léon Aubineau, et par un vénérable anonyme. Les uns ont développé avec un rare talent le tableau de la vie héroïque de Benoît-Joseph Labre, et en ont tiré le sujet des plus pieuses et des plus touchantes réflexions. Les autres ont présenté, sous une forme plus abrégée, les traits principaux de cette vie de mortification et de sacrifice, et se sont efforcés de faire mieux comprendre au public distrait, comme au chrétien sérieux, par quelle voie laborieuse ce disciple du Christ était parvenu à la gloire.

Tout en reconnaissant notre impuissance à louer dignement ce héros de la pénitence, le désir d'offrir aussi un tribut d'hommages à notre illustre compatriote nous a poussé à entreprendre ce petit travail, dans le double but de rendre la dévotion au Bienheureux Benoît-Joseph Labre plus populaire encore, et d'offrir à tous un recueil abrégé de ses paroles et de ses actions les plus remarquables.

On ne doit donc pas chercher ici une biographie suivie, un tableau complet de sa vie ; le cadre étroit dans lequel nous nous sommes renfermé, pour être à la portée de tous, ne l'aurait pas permis, et d'ailleurs nous voulions uniquement réunir les principaux traits qui caractérisent le mieux l'esprit de sainteté et de perfection dont Benoît-Joseph Labre sut vivifier toutes ses actions.

Nous avons surtout puisé dans les écrits les plus anciens, les documents émanés de sa propre famille, les publications les plus rapprochées de l'époque de sa mort. C'est là que nous avons trouvé la naïve expression d'impressions *actuelles* et, en quelque sorte, encore vivantes ; quelle garantie de véracité d'ailleurs pour les faits, quand les témoins cités nommément pouvaient êtres interrogés ! Ce double caractère de simplicité, de vérité, nous a séduit, et nous avons présumé que ce qui nous avait touché présenterait aussi quelqu'attrait à nos frères dans la foi. Nous n'avons pas cru pouvoir mieux faire que de reproduire en grande partie, dans ce travail, la vie du Bienheureux, publiée deux ans après sa mort, par M. l'abbé Marconi, confesseur de Benoît Labre, à Rome. Nous avons seulement modifié un peu l'ordre de narration, et nous y avons ajouté quelques traits, tirés de plusieurs écrits de la fin du dernier siècle.

Cet opuscule est, de notre part, sans doute, un hommage de vénération et de reconnaissance pour cet illustre saint, dont notre pays s'honore à juste titre ; mais notre double but ne serait pas atteint, si nos lecteurs, en fermant le livre, ne ressentaient pas une plus grande confiance en ce puissant protecteur que le Seigneur a voulu donner à notre siècle, et un ardent désir d'imiter les vertus qu'il a pratiquées dans un degré héroïque, et avec une incomparable charité. C'est ce que nous lui demandons pour nous, et pour tous ceux qui liront ces pages écrites à la gloire de Dieu et de son fidèle serviteur.

Saint Benoît Labre, priez pour nous !

VIE ADMIRABLE

DU SAINT PAUVRE

BENOIT-JOSEPH LABRE

CHAPITRE I.

La patrie. — Famille patriarcale. — Naissance de Benoît-Joseph Labre. — Heureuses dispositions pour l'étude et la piété. — Ses premiers maîtres d'école. — L'arbre séculaire.

Sur les confins de l'Artois, de la Flandre et du Boulonnais, se trouve un joli petit village perdu au milieu des terres ; le voyageur doit gravir des collines escarpées, descendre dans des creuses cailloutées et boueuses, et traverser plusieurs fois le lit des ruisseaux ou des torrents, avant d'apercevoir la flèche élancée de l'antique église Saint-Sulpice d'Amettes; c'est alors qu'il commence à jouir de l'aspect pittoresque de ce village, encadré d'anciennes carrières et de bosquets d'arbres touffus ; il s'avance au milieu des pâtures verdoyantes plantées de pommiers, et des maisons badigeonnées aux couleurs vives et tranchées. C'est la patrie de ce pauvre volontaire qui mérita d'être appelé par le grand Pape, Pie IX, le modèle et le Patron du pèlerin.

De tout temps, la France fut célèbre par les saints nombreux qu'elle a produits ; de nos jours encore, elle se glorifie de pouvoir compter parmi ses enfants un homme qui, vil, méprisable, abject aux yeux du monde, attira tout à coup sur lui l'attention de l'Europe et de l'univers entier. Ce qui excite l'étonnement, ce ne sont pas seulement les nombreux prodiges accordés à son intercession ; mais c'est encore et surtout le genre de vie qu'il a adopté et dont on ne peut entendre parler, sans que le cœur ne se sente vivement ému. Cet homme si héroïque par ses vertus est Benoît-Joseph Labre, dont on peut dire, comme de Saint Louis de Gonzague : *bien qu'enlevé à la fleur de l'âge, il a rempli une longue carrière*. Sa vie si sainte, si charitable montre clairement combien Monseigneur de Partz de Pressy (1), alors évêque de Boulogne, avait raison de regarder comme un bonheur pour son diocèse d'avoir donné naissance à notre illustre pénitent.

Benoît naquit le 26 mars 1748, dans la paroisse de Saint-Sulpice d'Amettes, sous le pontificat de Benoît XIV et le règne de Louis XV. Ce village dépendait alors du diocèse de Boulogne, mais il fait actuellement partie du diocèse d'Arras. Les pieux époux auxquels Dieu accorda la faveur de donner le jour à cet enfant de bénédiction, furent Jean-Baptiste Labre et Anne-Barbe Grandsire. C'était une honnête famille, estimée de tous, et, depuis longtemps déjà, résidant à Amettes. Ils joignaient à la culture des champs l'honorable profession du commerce, ce qui leur permettait de vivre dans une certaine aisance. De leur heureuse union sortirent quinze enfants de différent sexe, dont l'aîné fut Benoît-Joseph, devenu la gloire et l'honneur de notre France si chrétienne.

Dieu, qui avait sur cet enfant des vues particulières, commença par lui donner un second père selon l'esprit, qui devait le former de bonne heure à la vertu : François-Joseph Labre, son oncle, très digne ecclésiastique, devenu plus tard curé d'Erin, était alors vicaire d'Ames; du consentement du curé d'Amettes, l'oncle baptisa son neveu et en fut aussi le parrain. Ce fut le 27 mars, lendemain du jour de sa naissance, que Benoît-Joseph reçut le saint baptême ; sa marraine fut Anne Théodore Hazembergue, sa grand'mère maternelle.

Remplis de l'esprit de la véritable piété, ses parents

---

(1) Lettre pastorale du 3 juin 1783.

mirent tous leurs soins à le bien élever et dirigèrent ses premiers pas dans la route qui devait le conduire à un si haut degré de vertu. Il conserva toute sa vie une vive reconnaissance pour la bonne éducation qu'il avait reçue de ses parents; on trouve l'expression de ce sentiment dans une lettre datée de Montreuil et dans laquelle il les prie de donner à ses frères et sœurs les mêmes soins qu'ils lui avaient prodigués et de les former, eux aussi, à la vertu : « Car, dit-il, c'est le « moyen de les rendre heureux dans le ciel; sans ins- « truction, on ne peut pas se sauver... Je vous ai beau- « coup coûté, mais soyez assurés, que, moyennant la « grâce de Dieu, je profiterai de tout ce que vous avez « fait pour moi. »

Les vœux du Saint furent exaucés ; plusieurs de ses frères se consacrèrent à Dieu, et confessèrent la foi de Jésus-Christ en exil pendant la tourmente révolutionnaire. Un autre, par sa présence et son énergie, éloigna d'Amettes les tentatives du schisme et préserva la paroisse des persécutions dirigées alors avec tant de fureur contre les chrétiens fidèles.

Il n'avait pas plus de cinq ans que déjà il montrait une ardeur extraordinaire à cet âge, pour aller à l'école, sans autre but que de pouvoir lire de ses propres yeux et écrire de sa propre main les premiers éléments de notre sainte Religion, tant il se sentait d'attrait pour les choses de Dieu. Et sa joie fut bien grande lorsqu'il put lire seul l'oraison dominicale, la salutation angélique et d'autres prières de ce genre. Ses parents le confièrent d'abord à un digne prêtre, M. d'Hanotel, vicaire d'Amettes, et depuis curé de Boyaval. Frappé des rares dispositions de Benoît, le pieux vicaire conçut l'idée la plus favorable de son jeune élève; ce qu'il voyait en lui, lui semblait un présage certain de ce qu'il serait dans la suite. Sa vertu, déjà éclairée et solide, paraissait encore plus remarquable, lorsqu'on venait à le comparer à la plupart des autres enfants, qui, bien moins guidés par la raison, qu'entraînés par les objets sensibles, donnent tant d'exercice à la patience des personnes chargées de leur éducation : « Je l'ai toujours connu, dit

« M. d'Hanotel dans une de ses lettres, d'une bonté ad-
« mirable, d'une humeur toujours égale, d'une exacti-
« tude exemplaire à s'acquitter de tous ses devoirs, et
« doué de toutes les bonnes qualités qui me l'ont rendu
« si cher et si recommandable à mon souvenir que,
« depuis vingt-huit ans environ que je l'ai quitté, je
« n'ai jamais laissé échapper l'occasion de m'en infor-
« mer, tant j'en attendais quelque chose de grand et de
« bon. »

A sept ans et demi, Benoît fut remis entre les mains de Barthélémy de la Rue pour continuer ses études et apprendre l'arithmétique. Le nouveau maître reconnut bientôt aussi les qualités et les vertus qui brillaient en lui, sa piété, sa docilité, sa douceur, sa modestie. Mais ce qui le touchait davantage et ce qu'on ne rencontre que bien rarement dans les enfants, c'est que, loin de craindre son professeur, il témoignait toujours beaucoup de plaisir à se trouver avec lui, effet naturel d'une conscience pure qui n'avait rien à redouter de la sévérité de son maître. Aussi complète-t-il son témoignage, en disant qu'il était si content de Benoît-Joseph Labre qu'il ne croit pas lui avoir jamais adressé un seul reproche. Bien loin de là, il le prenait souvent sur ses genoux, ou le retenait près de lui par affection; mais si c'était pendant la classe, Benoît, qui avait toujours un grand zèle pour l'étude, demandait à retourner à sa place, pour apprendre sa leçon ; et si le maître lui disait : « Je ne vous punirai pas, puisque c'est moi qui vous retiens, » il répondait d'un air peiné : « Non, sans doute, mais encore je ne la saurai pas. » Toute sa conduite attestait sa vigilance à bien employer son temps. Tous les moments dont il pouvait disposer, il les passait dans sa chambre, soit à prier, soit à lire quelque livre de piété ; son maître ayant remarqué qu'il sortait toujours le dernier de l'école, lui en demanda la raison ; Benoît lui répondit que c'était pour arriver plus vite chez lui ; et en effet, le maître l'ayant quelquefois suivi des yeux, le vit, évitant les groupes des autres élèves, se glisser le long des murs de l'école et courir pour rentrer en sa maison, pendant que les autres se livraient à de bruyants ébats. Malgré son amour de la solitude cependant, lorsqu'il croyait de son devoir de prendre part aux divertissements de ses camarades, notre Bienheureux savait très bien y apporter de la gaîté, et même il mettait souvent de l'entrain dans la partie. On montrait encore, il y a quelques années, sur la place du village, un arbre séculaire, au pied duquel le jeune Benoît réunissait ses compagnons, le dimanche après l'office, pour leur faire une lecture instructive et amusante ; et bien souvent les parents eux-mêmes entouraient le petit écolier, attirés par la curiosité et voulant aussi entendre l'histoire. Ainsi Benoît-Joseph passait-il les jours de son enfance dans la simplicité, la candeur, la pureté de conscience ; il approchait de sa douzième année, époque de son entrée dans l'adolescence, si souvent funeste, où la tyrannie de l'imagination et des sens fait ordinairement échouer la vertu, où trop souvent le cœur se pervertit, et l'âme, qui jusqu'alors n'avait pas connu le mal, se laisse entraîner dans le péché. Mais Benoît fut préservé d'un si grand malheur. Comme un autre Tobie, il prit, dès sa plus tendre enfance, la loi de Dieu pour règle de sa conduite, et c'est ainsi qu'il mérita l'éloge de n'avoir jamais négligé le moindre de ses devoirs, et d'avoir consacré ses plus jeunes ans au service du Seigneur.

CHAPITRE II.

Benoît-Joseph chez son Oncle. — M. le Curé d'Érin. — Les trois processions. — La première communion. — Influence de Benoît sur ses camarades. — Complaisance et charité.

La piété de Benoît-Joseph Labre se faisait de plus en plus admirer des habitants d'Amettes ; et à mesure qu'il croissait en âge, il croissait également en sagesse et en grâce devant Dieu et devant les hommes ; il était le guide et le modèle de ses frères ; sa vie était, en quel-

que sorte un livre toujours ouvert où ils voyaient comment ils devaient se conduire eux-mêmes. Ecoutons, du reste, la déposition de ses parents ; en parlant de leur fils, ils ne tiennent pas le langage affecté de la flatterie, leur attestation simple et naïve montre bien qu'ils ne font que rendre hommage à la vérité. Admirons avec eux cet enfant de bénédiction (1) « qui leur
« donna constamment et aussi longtemps qu'il fut sous
« leur conduite, des preuves de la piété la plus sincère,
« en assistant à tous les Offices et aux Instructions
« avec une attention et une modestie vraiment édi-
« fiantes ; de sagesse et de prudence, ne proférant ja-
« mais rien de malséant ou de déplacé ; d'obéissance,
« faisant toujours promptement et gaîment tout ce
« qu'on lui commandait ; de charité et de complai-
« sance, se conduisant si bien envers ses père et mère,
« ses frères et sœurs, qu'il n'occasionnait jamais aucun
« trouble parmi eux ; enfin, d'une patience merveil-
« leuse à supporter et à souffrir les défauts et les im-
« perfections des autres, montrant toujours un air gai
« et tranquille, quelque chose qu'on lui fît, jusqu'à
« déconcerter ceux qui lui disaient ou lui faisaient du
« mal. »

Ce trait montre clairement par quelle voie le Seigneur voulait conduire Benoît à la sainteté ; loin de fuir et d'avoir en horreur les mépris, les mauvais traitements, les outrages, il les aimait, il les recherchait. La croix fit bientôt ses délices, il la désirait ardemment. Tant de vertu et de si belles qualités transportaient ses parents de joie et leur *rendaient cet enfant des plus inestimables et des plus chers, comme il l'était à tous ceux qui le connaissaient* (2). Malgré cet amour ardent qu'ils avaient pour lui, témoins de ces rares dispositions et en concevant les espérances les plus flatteuses pour son avenir, ils firent, sans hésiter, le sacrifice de ne plus l'avoir sous les yeux et de le

---

(1) Déposition des parents devant les curé et vicaire d'Amettes, le 5 juin 1783.
(2) Déposition de plusieurs témoins.

confier à d'autres mains. Cette plante précieuse, en effet, pour se mieux développer, avait alors besoin d'une autre culture que celle qu'on pouvait lui donner dans la maison paternelle.

Benoît touchait à sa douzième année, avons-nous dit, lorsqu'il fut envoyé chez son oncle François-Joseph Labre, alors curé d'Erin, pour y recevoir une instruction plus étendue, en commençant par les éléments de la langue latine. M. le curé d'Erin était un pasteur plein de zèle et d'une charité vraiment apostolique, qui le porta même à sacrifier généreusement sa vie pour ses ouailles, comme nous le verrons plus loin.

Il reçut avec joie son neveu, et sa tendresse pour lui s'augmenta à mesure qu'il vit se développer les bonnes qualités de son jeune élève. Toutefois, il s'aperçut bientôt que Benoît ne savait s'appliquer sérieusement qu'aux choses du ciel. Charmé de sa conduite édifiante et de ses mœurs angéliques, il lui annonça qu'il fallait se disposer à sa première communion. A cette nouvelle, notre Bienheureux ressentit une joie, un bonheur, qui s'imagine plus facilement qu'on ne pourrait l'exprimer. Par ses longues méditations et ses ferventes prières, il s'avançait tous les jours dans la connaissance et l'amour de Dieu ; il n'en sentait que plus vivement la grandeur du bienfait qui allait lui être accordé, et il mit tout en œuvre pour se bien préparer à le recevoir ; il retrancha sur son temps de récréation, afin de vivre dans un plus grand recueillement ; il redoubla de ferveur dans la prière ; il se livra encore davantage aux lectures de piété et à son penchant si marqué pour la mortification ; enfin, il commença à passer des heures entières au pied du Saint-Sacrement, pour supplier son Bien-Aimé d'élever de plus en plus ses pensées vers lui, et de le rendre digne de le recevoir. Voilà comment Benoît-Joseph se préparait à sa première communion.

Il voulut s'y disposer par une confession générale, et purifier son cœur des fautes même les plus légères, avant qu'il devînt la demeure du Sauveur des hommes.

La méthode qu'il s'était prescrite pour approcher du

tribunal de la pénitence est trop édifiante pour que nous n'en donnions pas ici un aperçu sommaire.

Persuadé que, sans la grâce de Dieu, nous ne pouvons ni reconnaître nos péchés, ni en obtenir le pardon, il demandait au Seigneur les lumières qui lui feraient découvrir ses fautes et lui dévoileraient l'état de son âme. Après cette invocation préliminaire, il suivait par ordre les commandements de Dieu et de l'Eglise, et les vertus que nous devons pratiquer ; il se rappelait avec soin tout ce qu'il avait à se reprocher depuis sa dernière confession, en repassant dans sa mémoire les diverses actions auxquelles il avait employé chaque jour ; après l'examen de conscience, il demandait à Dieu la grâce de la contrition, et pour s'y exciter, il se mettait devant les yeux les motifs les plus capables de faire impression sur un cœur chrétien : les châtiments de l'enfer mérités par le péché, le bonheur du ciel perdu par l'ingratitude de l'homme envers son Créateur ; le sang du Sauveur Jésus répandu sur le Calvaire pour expier nos crimes ; il aimait surtout à s'arrêter sur la bonté, sur la miséricorde de Dieu envers nous, malgré nos offenses continuelles. Enfin, il implorait le pardon des fautes qui lui étaient échappées et prenait une résolution ferme et précise de mieux le servir à l'avenir.

Au tribunal de la pénitence, il déclarait ses fautes avec ordre et précision, avec humilité et simplicité. Il entrait dans les détails nécessaires, ne passant sous silence, ni ses tentations, ni les grâces que le Seigneur lui avait faites, de sorte que le confesseur n'avait aucune peine à lire dans le fond de son âme. Benoît déférait sincèrement à ses avis ; il se soumettait à son jugement avec un profond respect, et écoutait ses paroles comme des oracles venus du ciel. Au moment de recevoir l'absolution, il inclinait profondément la tête et s'excitait de nouveau à la contrition, en conjurant le Seigneur de lui accorder le divin pardon.

Benoît pensait, et telle était aussi l'opinion de sainte Thérèse, que les mauvaises confessions sont une des causes qui précipitent le plus de chrétiens dans l'enfer. Ce point avait tellement frappé son imagination, qu'il s'était figuré trois sortes de pénitents : les parfaits, les imparfaits, les négligents et hypocrites ; il en avait formé trois processions qui arrivaient à des termes bien différents.

Il voyait dans la première un petit nombre de personnes, toutes vêtues de blanc ; c'étaient les pénitents parfaits qui avaient rempli toutes les conditions nécessaires pour faire une bonne confession, qui n'avaient négligé aucun moyen pour satisfaire à la justice divine, et qui, peu contents de leurs actions de pénitence et de mortification, avaient eu grand soin, pour y suppléer, de multiplier les bonnes œuvres et de gagner des indulgences. Ces saints pénitents, ornés de leurs robes blanches, entraient, immédiatement après leur mort, dans la gloire des bienheureux.

Ceux qui formaient la seconde procession, quoique plus nombreux que les précédents, étaient néanmoins encore en petit nombre ; ils portaient des habits rouges ; aux dispositions requises pour assurer la validité du Sacrement, ils n'avaient pas joint la pratique exacte des œuvres d'expiation, et le soin de les remplacer, autant que possible, en puisant dans les trésors que l'Eglise met entre nos mains avec une générosité et une sollicitude si maternelles. Ils allaient en purgatoire pour satisfaire pleinement à la justice divine ; ils étaient sauvés, mais en passant par le feu.

La troisième procession, extrêmement nombreuse, inspirait la terreur et l'effroi. L'habit noir de ces malheureux indiquait le triste état de leur âme ; on comptait parmi eux tous ces indignes chrétiens, qui, par la négligence dans l'examen de leur conscience, par le défaut d'une vraie douleur, d'une sincère contrition ou d'un ferme propos, par une fausse honte à avouer leurs péchés, avaient reçu le sacrement de Pénitence dans de criminelles dispositions. Incorrigibles et sacrilèges, ils se précipitaient en foule dans les gouffres de l'enfer.

Cette âme innocente dont l'horreur pour le péché fut toujours extrême, faisait, par ces pieuses considérations de nouveaux efforts pour s'en tenir encore plus éloignée et se conserver dans une admirable pureté de conscience.

Benoît se montrait déjà plein de zèle pour la gloire de Dieu et pour le salut du prochain. Il saisissait toutes les occasions d'enseigner le catéchisme aux enfants plus jeunes que lui, ou de raconter à ses camarades des histoires édifiantes. Toujours prêt à leur rendre service et à leur faire plaisir, il exerçait sur eux une grande influence, et s'en servait pour les porter à la vertu.

Malgré son attrait pour la solitude, notre jeune saint savait se faire tout à tous, et il sacrifiait ses préférences lorsqu'on lui demandait de prendre part à quelque partie de plaisir ou à d'honnêtes récréations. Mais s'il était témoin d'une offense grave de la Majesté divine, sa douleur allait jusqu'à la consternation, et « s'il enten- « dait ses camarades dire quelque parole déplacée, « il les réprimandait fort, et il n'en était pas moins « bien venu d'eux, parce qu'il n'y avait rien à repren- « dre dans sa conduite toujours sage et exemplaire. »

Cependant le beau jour de la première communion approchait ; saint Benoît Labre s'y était préparé par la piété, la mortification, la ferveur ; aussi mérita-t-il de ressentir cette joie, ce bonheur, ces transports qui sont le partage de ceux qui participent dignement au banquet sacré. Depuis plusieurs jours, il ne pensait plus qu'au divin Agneau ; absorbé dans la prière et la méditation, il ne laissait échapper que des élans d'amour, et quand vint le jour tant désiré de sa première communion, il n'était plus sur la terre, il ne voyait que Jésus, il était tout en lui, il ressentait la félicité des habitants du ciel.

Saint Thomas dit que notre Rédempteur, en se donnant à nous, nous rend participants de sa nature, et à raison du degré de sainteté de nos dispositions, nous transforme pour ainsi dire en dieux ; c'est-à-dire que ses vertus deviennent alors les nôtres, et que par lui nous portons des fruits de sainteté, tels qu'il les produit lui-même. Cette merveille s'opéra visiblement dans Benoît-Joseph Labre ; il présenta dès lors par la beauté de ses mœurs et la pureté de son âme, une image vi-

vante de notre divin Sauveur, et il put dire avec l'apôtre : « Je vis ; non, ce n'est plus moi qui vis, c'est Jé-
« sus-Christ qui vit en moi. » Il ne goûtait plus d'autre plaisir que celui de converser avec Dieu, seul à seul, dans les lieux les plus solitaires, et de l'adorer dans le Sacrement de son amour.

Le jour même où Benoît faisait sa première communion, le 5 septembre 1761, il reçut la confirmation des mains de Monseigneur l'évêque de Boulogne qui venait la donner à Erin. Impossible d'exprimer les élans d'amour et de reconnaissance que toutes ces grâces excitaient dans son cœur. Heureux les enfants qui, à son exemple, se préparent dignement à leur première communion, ce grand jour sera le plus beau de leur vie ; ils n'en perdront jamais la mémoire ; ce souvenir les soutiendra, les animera au milieu des peines et des combats ; et s'ils ont le malheur d'oublier momentanément les bienfaits et la loi de Dieu, il les ramènera à lui, en leur rappelant le bonheur si vrai et si pur qu'ils ont goûté au pied du tabernacle, et auprès du Sacré-Cœur de Jésus.

CHAPITRE III.

Le Dieu de l'Eucharistie. — Les fraises et l'enfant. — Réputation de sainteté. — Le typhus et le Martyr de la charité. — Le Père l'Aveugle.

Après sa première communion, le bienheureux Benoît Labre redoubla de ferveur dans l'accomplissement de ses devoirs. On avait d'abord éprouvé quelqu'étonnement de le voir approcher du sacrement de l'Eucharistie beaucoup plus souvent que n'étaient en usage de le faire les personnes les plus pieuses de la paroisse ; mais ses mœurs angéliques, son humble docilité, sa rare modestie, son profond recueillement le faisaient déjà regarder comme un saint et lui attiraient avant l'âge le respect public.

Il se levait toujours de grand matin, pour se ménager le temps de réciter exactement ses prières et d'y ajouter une lecture de piété, avant l'heure du travail. Au premier son de la cloche annonçant la messe, il se rendait aussitôt à l'église, afin d'avoir le bonheur de servir à l'autel; et si parfois il était devancé par quelqu'autre, bien que contrarié, il se gardait de faire paraître aucun mécontentement, il se plaçait modestement près du sanctuaire, et là assistait au saint sacrifice, avec un recueillement et une posture si respectueuse qu'il inspirait de la piété à tous ceux qui pouvaient le contempler.

Malgré sa préférence marquée pour les lectures spirituelles, il employait scrupuleusement à l'étude le temps qui devait y être consacré, et le faisait toujours avec beaucoup d'application et de bonne volonté. Mais ce qui lui restait de temps libre, en dehors de celui qui était destiné à l'étude ou à d'autres occupations prescrites par son oncle, il le partageait entre la prière et la lecture des livres de piété. On le voyait en outre dans le cours de la journée se rendre à l'église où l'attirait son aimable Jésus, et rester absorbé dans la contemplation devant l'objet de son amour. Il se tenait presque constamment en la présence de Dieu, et il n'avait pas de plus douces jouissances que de converser avec lui. Mais c'était surtout au pied du Tabernacle qu'il se sentait comme inondé de ces délices ineffables dont parlait l'Apôtre saint Paul, et qui le ravissaient au troisième ciel. Lorsqu'on célébrait dans les environs l'Adoration des quarante heures, Benoît ne manquait pas de s'y rendre et il y passait des journées entières, commençant dès lors cette pieuse pratique qui devint dans la suite la principale occupation de sa vie et qui causait tant d'édification à ceux qui en étaient les témoins.

Aux repas, il se faisait remarquer par sa sobriété, se contentant de ce qui lui était absolument nécessaire pour se soutenir, et réservant le reste pour les pauvres; on le vit même souvent se priver de son goûter et en faire profiter quelque nécessiteux, qu'il en gratifiait secrètement, conservant ainsi tout le mérite de sa bonne action. Il observait déjà les jeûnes de l'Eglise, autant qu'on le lui permettait ; et à Pâques, il avait coutume de dire : « Voilà le carême heureusement terminé pour ceux qui ont jeûné, mais malheureusement terminé pour ceux qui ont transgressé les lois de l'Eglise. » Son oncle a assuré que son neveu Benoît aurait foulé aux pieds les fruits les plus appétissants plutôt que de se permettre de toucher à aucun. Du reste, comme nous l'avons déjà fait remarquer, depuis qu'il avait goûté la manne céleste, la nourriture corporelle lui paraissait insipide et il n'en usait que par nécessité. Ce qu'on lui présentait lui suffisait toujours et, aussitôt le repas terminé, il se levait de table, pour se livrer à d'autres occupations. Un de ses compagnons lui offrit un jour quelques pommes enlevées d'un jardin ; Benoît ne voulut point, en acceptant, se faire le complice d'un vol ; un autre camarade, passant devant le presbytère, frappe à la fenêtre de Benoît et lui donne des cerises ; notre Bienheureux les refuse d'abord ; pressé de les accepter, il se rend au désir de son camarade ; mais après un instant de réflexion, dans la crainte qu'elles n'eussent été volées, et aussi sans doute par mortification, il les suspend par un fil et les laisse ainsi se dessécher.

Une petite fille de sept ans vint un jour le trouver dans le jardin, pendant qu'il était occupé à cueillir des fraises pour son oncle, et lui en demanda quelques-unes. Benoît lui répondit qu'il lui en donnerait si elle avait la permission de M. le curé ; mais celui-ci n'ayant pas jugé à propos d'acquiescer à son désir, la petite fille revint à la charge, en lui disant : « Je ne vous en « demande que deux ou trois ; c'est bien peu de chose, « et puis, votre oncle ne le saura pas. » — « Ce n'est « pas une petite faute, repartit vivement Benoît, d'of-« fenser la souveraine majesté de Dieu ; et puis celui « qui commence par les petites choses, tombera bien-« tôt dans les grandes. »

Son amour pour la pénitence augmentait de jour en jour ; il refusait à son corps le bien-être qui n'était pas strictement nécessaire pour conserver sa santé; il priait toujours à genoux, ne s'approchait jamais du feu en hiver, couchait souvent sur une simple planche ou sur la terre nue, n'ayant qu'un morceau de bois pour oreiller. Il était encore à Amettes, lorsque sa mère, effrayée de ses mortifications, le pressa de se modérer, en lui disant qu'il n'avait pas un tempérament comme les anciens ermites. Benoît lui répondit avec calme et assurance : « Le bon Dieu n'a pas mis en mon pouvoir d'aller vivre « dans le désert ; mais s'il le veut, il m'en donnera cer« tainement le courage. » A Erin, comme à Amettes, on le surprit plusieurs fois couchant sur la dure ou passant une partie de la nuit en prières ; lorsqu'il n'usait point de son lit, il avait soin de le remuer, afin qu'on ne s'en aperçut pas.

Envoyé par le curé d'Erin, à l'école de la paroisse pour terminer ses études de français, Benoît s'y distingua bientôt parmi ses compagnons par une conduite et une raison au-dessus de son âge. Sa ferveur, sa gravité douce et aimable, s'alliant à un air gai et ouvert, sa modestie, sa prudence, lui gagnèrent l'estime et l'affection de tous. Lorsque son maître était obligé de s'absenter, il se déchargeait sur Benoît de la surveillance. Ce choix était agréable à ses camarades eux-mêmes, qui se sentaient pour lui une sorte de respect, et qui admiraient la fermeté pleine de douceur avec laquelle il se faisait obéir. On lira avec plaisir le témoignage que lui ont rendu après sa mort trois (1) de ses camarades de classe. « Nous lui avons toujours vu tenir une con« duite très sage et exemplaire ; il nous réprimandait « très fort, quand il nous voyait dire ou faire quelque « chose de contraire à la bienséance ou aux comman« dements de Dieu ; il était fort pieux, modeste et dé« vot à l'église ; il assistait à tous les Offices, exacte« ment, sans jamais se remuer ; il était toujours appli« qué à la lecture des livres de piété dans la posture la « plus décente ; il aimait à s'occuper dans sa chambre ; « au lieu de manger le pain qu'on lui donnait, il en

(1) Joseph Bressel, Jacques Legay et Louis Thuillier qui ont passé leur jeunesse avec notre Bienheureux.

« faisait l'aumône aux pauvres par sa fenêtre; quand
« il allait en promenade avec M. le curé, il portait avec
« lui un livre de piété et le lisait en allant. En un mot,
« pendant tout le temps qu'il a résidé dans la paroisse
« d'Erin, on ne lui a jamais vu rien faire ni dire de dé-
« placé ou contraire aux bonnes mœurs. »

Il était bon, affable envers ses camarades, et toujours disposé à leur rendre service. Si l'un d'entre eux,
par malice ou par légèreté, lui avait causé quelque
peine, il le souffrait en silence et sans se plaindre.

Cette patience ne se démentait jamais; M. le curé
l'ayant vu un jour à l'église se tromper par mégarde
dans une cérémonie, lui mit entre les mains un gros
chapelet et lui dit de le réciter, comme punition. Benoît
sans un mot de réplique, se met à genoux et le récite
avec son recueillement ordinaire. Une autre fois, son
Maître voulant éprouver cette même patience, lui im-
putait une faute qu'il n'avait pas commise : « Benoît,
dit-il, vous avez commis cette faute. » — « Non, mon-
« sieur, je ne l'ai point fait. » — « Vous êtes doublement
« coupable, en ajoutant le mensonge à la faute. » —
« Demandez à mon voisin, reprend tranquillement Be-
« noît. » — « Vous êtes d'accord ensemble pour me
« tromper; vous méritez d'être puni, allez prendre le
« martinet. » Sans hésiter un seul instant, Benoît va le
chercher. Le maître alors faisant semblant de s'adou-
cir : — « Vous avez cependant l'air franc, est-il vrai
« que vous n'ayez pas menti et que vous n'ayez pas
« commis cette faute? » — « Je ne l'ai pas fait, répond
« simplement Benoît. » — « Alors je ne puis pas vous
« punir, si vous ne l'avez pas mérité. »

Son caractère réfléchi ne l'empêchait pas d'être gai
et jovial dans les récréations; il était le premier à mettre de l'entrain au jeu, mais en trouvant le moyen d'y
donner encore des exemples de vertu. C'est l'usage dans
nos campagnes de se réunir le dimanche après l'Office
sur la place du village, et là de se livrer à des jeux
innocents; Benoît venait ordinairement en prendre sa
part, comme son oncle le lui avait commandé : mais
souvent, au lieu de jouer, il s'écartait de la troupe dis-

sipée et volage, pour s'entretenir avec des personnes plus âgées de choses utiles ; ou bien il réunissait autour de lui plusieurs jeunes gens et leur faisait quelque lecture édifiante ou instructive. Dans ce pays, le prix de la partie est souvent un verre de bière au profit du gagnant ; mais, soit qu'il gagnât, soit qu'il perdît, Benoît ne consentit jamais à boire, disant qu'il avait pris l'habitude de ne rien boire hors des repas.

Dans les conversations, disait-on quelque chose de contraire à la charité, ou à une autre vertu, il se retirait aussitôt, ou témoignait par sa réserve et son air de tristesse, qu'il n'approuvait pas de tels discours. Malgré la bonne volonté dont il cherchait à faire preuve au milieu des récréations, il préférait évidemment le silence et le recueillement ; après avoir donné à ces divertissements le temps qui lui paraissait convenable, il se retirait pour se livrer à la prière et à la méditation. Un jour de *ducasse*, M. le curé, après l'avoir cherché en vain parmi les jeunes gens, dit à ceux qui l'entouraient : « Je parie que mon neveu est dans quelque coin à prier. » On se mit alors par curiosité à sa recherche et on le découvrit enfermé dans une grange, à genoux devant un crucifix qu'il portait toujours sur lui et qu'il avait attaché à la muraille. Il était si absorbé dans la prière, qu'il n'entendit même pas celui qui avait ouvert la porte.

Ce serait ici le lieu de parler de ses premières démarches pour obtenir la permission d'entrer à la Trappe ; mais nous remettons ce sujet au chapitre suivant ; nous avons voulu donner dès à présent un tableau d'ensemble des vertus qui se faisaient le plus remarquer dans notre jeune saint : sa piété, sa mortification, sa patience, sa charité. Cette dernière vertu était si notoire que les pauvres, lorsqu'ils le rencontraient au presbytère, disaient en sortant : « M. Benoît y était aujourd'hui, nous avons reçu d'abondantes aumônes. » Si, au contraire, il était absent, ils disaient tristement : « Il n'y avait rien à faire au presbytère, nous n'avons trouvé ni l'oncle, ni le neveu. » Un jour trois pauvres étrangers se présentent en demandant l'aumône ; les domestiques les refusent durement ; mais Benoît l'a entendu, il les rappelle tout ému : « Venez, je vous ferai la charité. » Et lorsqu'ils furent partis, il recommanda aux domestiques de ne plus agir ainsi une autre fois, car telle n'était pas l'intention de M. le curé.

Le moment approchait, où il allait avoir l'occasion d'exercer sa charité jusqu'à l'héroïsme ; en 1766, une maladie terrible se déclara tout à coup à Erin ; une cruelle épidémie porta le ravage dans la paroisse, les maisons étaient pleines de malades, et leur nombre s'accroissait chaque jour. Ces infortunés n'avaient plus devant les yeux que les horreurs de la mort ; point de secours pour les soulager ; et en tout cas, personne pour les leur administrer, par crainte de la contagion. Dans cette situation désespérée, on vit le pasteur et son neveu lutter de zèle et de dévouement pour les malheureux ; animés, tous les deux, du même esprit, visiter, consoler, soulager les malades ; multiplier leurs soins à mesure que le mal lui-même s'étendait, n'écouter ni répugnance, ni dégoût ; donner à tous et partout des marques de leur charité et s'oublier eux-mêmes pour ne penser qu'aux autres. Excédés de fatigues, épuisés à la fin du jour, ils retrempaient leur courage au pied du crucifix, puis renouvelaient leurs veilles, et continuaient le jour et la nuit leur périlleux ministère. Ils auraient dû succomber, mais la charité est un feu qui se nourrit par l'action ; plus elle fait de bien, plus, ce semble, elle se trouve en état d'en faire ; le mal empirait, ils redoublaient leurs efforts. Mille fois ils affrontèrent la mort avec autant de courage que de tranquillité ; ils savaient qu'exposer leur vie, c'était marcher sur les traces, suivre les exemples du divin Pasteur donnant sa vie pour ses brebis.

Le zèle et l'humilité de Benoît le firent descendre jusqu'aux plus viles fonctions, s'il peut y en avoir de viles pour celui qui sait les ennoblir par les motifs de la religion. Après avoir traité les malades, il prenait soin de leurs bestiaux ; ne reculant point devant des travaux auxquels son éducation l'avait rendu étranger, il se mit à approprier les étables de ceux qui ne pouvaient plus le faire ; il se rendait même dans les pâturages et dans les champs, pour en revenir, les épaules chargées d'herbe et de fourrages pour les bestiaux, que leurs maîtres malades ne pouvaient plus soigner ni nourrir.

Mais une épreuve plus pénible encore attendait notre jeune saint ; accablé par toutes ces fatigues et ces œuvres incessantes, le digne Pasteur se trouve lui-même hors d'état de résister davantage ; il languit, il tombe, attaqué par le fléau destructeur ; il offre généreusement sa vie pour ses ouailles, et reçoit les derniers sacrements avec une admirable ferveur. En vain Benoît lui prodigue-t-il ses soins avec le dévouement le plus filial ; martyr de sa charité, ce bon prêtre reçoit sa récompense. Après avoir employé tous ses revenus au soulagement des malheureux, il avait mis le comble à sa générosité par le sacrifice de sa vie. Le curé d'Erin mourut en odeur de sainteté, entouré des bénédictions de son peuple, dont la douleur et les larmes étaient la plus touchante oraison funèbre de leur pasteur.

Il serait difficile d'exprimer à quel point cette mort fut sensible à Benoît ; en perdant son parrain, il perdait un père ; s'il lui devait beaucoup, sa reconnaissance égalait les services et les bienfaits ; il ne parlait jamais de son oncle qu'avec la vivacité de la tendresse et l'effusion d'un cœur plein d'affection et de reconnaissance.

Après ce coup funeste, notre Bienheureux resta encore quelques semaines à Erin jusqu'à ce que le fléau eût cessé de faire ses ravages et que les habitants de cette pauvre paroisse n'eussent plus besoin de ses services et de son dévouement ; il revint alors à la maison paternelle, résolu à ne plus s'occuper désormais que de son salut éternel. C'était là en effet sa principale et, pour ainsi dire, son unique préoccupation. Il avait trouvé dans la bibliothèque de son vénérable parrain, les sermons du Père Lejeune, vulgairement appelé le *Père l'Aveugle*, qui avaient fait sur lui la plus profonde impression ; il les avait lus et relus plusieurs fois, et il ne pouvait s'en rassasier. Aussi, dans son désintéressement, demanda-t-il cet ouvrage, comme unique héritage du saint martyr de la charité, dont il avait été l'émule et l'auxiliaire courageux et dévoué. Parmi les sermons du Père l'Aveugle, il y en avait deux surtout qu'il aimait à méditer longuement, le sermon sur les peines de l'enfer, et celui sur le petit nombre des élus. Ces deux considérations l'avaient tellement saisi, impressionné, qu'il prit la résolution de tout sacrifier pour échapper aux abîmes de l'enfer et s'assurer une place dans le séjour des Bienheureux.

CHAPITRE IV.

Retour à Amettes. — Trois cœurs dans un. — L'oncle Vincent. — Séjour à Conteville. — La chartreuse de Longuenesse. — Voyage à la Trappe.

Les heureuses dispositions du Bienheureux Benoît-Joseph Labre continuaient à se développer, et ses saintes habitudes à s'affermir. Plein d'aversion pour le vice, il semblait ne respirer que pour la vertu. La Providence qui le destinait à servir un jour glorieusement à ses grands desseins, prenait soin en quelque sorte de le disposer, de le former elle-même. La physionomie humble et modeste, le maintien grave et réfléchi du jeune Benoît, manifestait d'une manière évidente le secret de son intérieur et de ses intimes pensées. Dès sa plus tendre jeunesse, il s'était proposé d'être, autant qu'il le pourrait, une vive image de notre divin Sauveur; or, il pensait que, pour ressembler à Jésus-Christ, le meilleur moyen était de former notre cœur sur le sien. Il disait à ce sujet qu'il fallait avoir trois cœurs dans un seul : le premier, plein de pureté, de ferveur et de sainteté, pour aimer Dieu, le servir et supporter avec patience les croix qu'il lui plaît de nous envoyer dans le cours de la vie. Le second plein d'amour, d'ardeur et de générosité, pour le service du prochain, spécialement pour la conversion des pécheurs et le soulagement des âmes du purgatoire. C'est à cette dernière intention qu'il priait souvent Jésus et Marie, et qu'il s'efforçait de gagner les indulgences. Le troisième plein de fermeté, de sévérité, de courage contre nous-mêmes, pour refuser aux passions la satisfaction même la plus légère, aux sens les plaisirs les plus naturels, et mortifier notre corps, à l'exemple de Notre-Seigneur ; car plus nous le méprisons, ce corps, plus nous le mortifions dans cette vie, et plus le Seigneur nous en récompensera dans l'autre.

D'après ces principes, il avait pris la résolution, relativement au premier point, de se maintenir dans une grande pureté de conscience ; de fuir avec horreur le péché, et de suivre constamment les inspirations divines ; de ne rien épargner pour acquérir toutes les vertus et les porter au plus haut degré de perfection. Quant au second objet, il se fit un devoir invariable d'avoir toujours sur la langue ce qu'il avait dans le cœur, et de n'avoir jamais dans le cœur que des sentiments de bienveillance, d'amour désintéressé pour le prochain, et de disposition constante à l'aider de tout son pouvoir et à prier sans cesse pour son salut. Enfin le dernier point, le point qu'il suivit avec une scrupuleuse exactitude, et une persévérance héroïque, fut de ne jamais accorder à son corps la moindre douceur, fût-elle la plus innocente, de le mortifier sans relâche et de n'avoir pour lui qu'un souverain mépris.

Pour mieux y parvenir, il eut pour maxime de se défier entièrement de ses propres forces et de mettre toute sa confiance en la grâce divine ; de mourir à ses inclinations, à soi-même, et de ne vivre plus que pour Dieu.

Les armes puissantes qu'il employait pour y réussir, étaient l'oraison, la mortification, la fuite des occasions, et le recueillement intérieur qui est si propre à nous faire éviter les fautes les plus légères, et à nous élever par degrés à la perfection évangélique.

Brûlant d'amour pour Dieu, c'était dans cette ardente charité qu'il puisait les motifs qui le dirigeaient dans toutes ses actions ; il aspirait constamment au plus parfait ; et néanmoins, à quelqu'acte de sublime vertu qu'il se livrât, il le comptait pour rien Cette générosité pouvait bien étonner les autres, mais elle n'était pas même à ses yeux digne du nom de vertu. Restant toujours mécontent de lui-même, il s'ingéniait à découvrir des moyens de se rendre encore plus agréable à Dieu et d'assurer son salut éternel.

Il n'avait que 15 ans, et pourtant depuis longtemps il priait Dieu jour et nuit de daigner l'éclairer sur l'état de vie qu'il devait embrasser. Dès sa plus tendre enfance, il avait conçu une grande aversion pour le monde ; son cœur avait un penchant bien marqué pour la retraite. Cette inclination devenant de plus en plus forte, il résolut de la satisfaire, en allant se renfermer dans un cloître, où il pût pratiquer les rigueurs de la pénitence et s'assujettir aux observances d'une règle sévère. Il était encore à Erin, lorsqu'il commença à examiner avec soin les divers instituts religieux ; mais rien ne semblait répondre suffisamment à son amour de la croix, à son ardeur pour la mortification. Les austérités effrayantes de certains Ordres étaient encore au-dessous de son courage, et le genre de vie le plus dur lui paraissait avoir trop de douceur. Enfin, le silence perpétuel, la parfaite solitude, l'austérité, l'exacte régularité de la Trappe attirèrent ses regards et fixèrent son choix.

On ne pouvait l'accuser de précipitation. Il avait passé une année entière à sonder ses dispositions à cet égard et à consulter son directeur, qui était l'un des curés voisins, celui qui passait pour le plus pieux du pays. Ce fut d'après son avis, qu'il se résolut enfin à s'en ouvrir à son oncle, le curé d'Erin. Celui-ci crut d'abord que son neveu ne savait pas ce qu'il demandait et qu'il ne se doutait pas de tous les sacrifices qu'il aurait à faire dans cette vie austère ; mais lorsqu'il entendit Benoît lui exposer en détail les obligations et les usages des Trappistes, lui décrire le pays où se trouvait la Trappe, lui expliquer clairement les motifs qui le poussaient à exécuter ce projet ; il admira la prudence avec laquelle son neveu avait examiné sa vocation, et, après quelques jours de prière et de réflexion, il lui permit d'aller solliciter l'autorisation de ses parents.

Mais ceux-ci ressentaient trop de tendresse pour leur fils et d'admiration pour ses heureuses qualités, pour se résoudre de prime-abord à un tel sacrifice ; ils refusèrent leur consentement. Benoît reprit avec douleur le chemin d'Érin, espérant obtenir plus tard la permission qu'il venait de solliciter inutilement.

Après la mort de son oncle, il se sentit plus impérieusement pressé de rompre les liens qui l'attachaient au monde, et de se réfugier à la Trappe. Il s'y prépara par une confession générale et par un redoublement de ferveur et de mortification. Sa mère, contristée et inquiète des austérités qu'elle lui voyait pratiquer, l'engageait à se ménager, mais Benoît lui répondait : « Ne « vous effrayez pas, ma mère, je me crois appelé à la « vie de la Trappe, il faut bien que je m'y habitue. »

Cependant ses parents voulurent éprouver encore pendant quelque temps cette vocation si extraordinaire, et l'envoyèrent chez son oncle maternel, M. Vincent, alors vicaire à Conteville pour se perfectionner dans l'étude du latin. M. Vincent était un saint prêtre, plein de ferveur et de zèle ; aussi se réjouit-il de recevoir Benoît dont la vertu lui était connue. Notre Bienheureux se fit remarquer à Conteville, comme à Erin et à Amettes, par une modestie, une douceur, une piété, un esprit de pénitence et de charité qui le rendaient le plus parfait modèle du chrétien.

Ecoutons le témoignage qu'en donne M. Vincent dans une de ses lettres : « Il s'est rendu aimable à cause de « la grande douceur dont il a donné des marques dans « bien des occasions. Parmi les enfants à qui je donnais « des leçons, il y en avait un, fort mutin, qui, connais- « sant sa douceur, prenait plaisir à le tracasser ; jamais « il ne lui a résisté de paroles ni d'actions ; il a poussé « la patience, jusqu'à se laisser incommoder du froid en « hiver, plutôt que de porter plainte contre lui.... J'ai « toujours remarqué en lui beaucoup de piété et d'ardeur « pour la lecture des bons livres. Les ouvrages du Père

« L'Aveugle (1), qu'il a lus plusieurs fois, lui ont donné
« cet attrait et cette ardeur pour la pénitence ; et comme
« il avait un jugement solide et une mémoire heureuse,
« les vérités saintes qu'il puisait dans ces livres faisaient
« sur son esprit une impression profonde. »

Il continuait à Conteville ses pratiques de piété et de mortification ; et il faisait chaque jour de nouveaux progrès dans la perfection. Il trouvait son bonheur à suivre les diverses missions qui eurent lieu cette année dans trois ou quatre paroisses des environs : il écoutait les missionnaires dans un tel esprit de foi, qu'il recueillait toujours de leurs instructions quelque bonne résolution pratique.

Pendant son séjour à Conteville, Benoît se rendait souvent à Saint-Pol, non par un motif de curiosité, mais pour avoir la consolation d'aller y prier dans les Eglises. Un jour de carnaval, il demanda la permission d'assister aux prières des Quarante-Heures, qui se faisaient dans l'Eglise des Carmes. Dès son arrivée, il va s'agenouiller dans un coin du sanctuaire, et y reste prosterné en adoration pendant plusieurs heures. La personne qui l'avait accompagné, revient vers trois heures, le trouve encore à genoux à la même place, et l'avertit qu'il est temps de songer au retour. Mais Benoît ne voulait pas perdre un seul instant de ce temps précieux qu'il avait le bonheur de passer aux pieds du Dieu de l'Eucharistie, il supplie d'attendre encore, afin d'assister aux Vêpres et au sermon ; et ce n'est qu'alors, qu'il consent à sortir de l'Eglise, après être resté toute la journée, sans prendre aucune nourriture, depuis le déjeûner du matin.

Les grandes vérités de la Religion le remuaient profondément ; il les méditait souvent et elles augmentaient en lui le désir de se consacrer entièrement à Dieu dans la solitude.

Aussi conjura-t-il de nouveau ses parents de lui per-

---

(1) Le Père Lejeune fut un célèbre prédicateur de ce temps-là ; on le surnomma le *Père l'Aveugle*, parce que, malgré cette infirmité, il continua à prêcher, et ses sermons faisaient tant d'impression sur le peuple, qu'il convertissait toujours beaucoup de pécheurs.

mettre de se retirer du monde ; à toutes les objections qu'on lui faisait, il répondait avec fermeté : « Dieu « m'appelle à une vie austère et pénitente ; il faut lui « obéir... Je commence à me disposer à entrer dans les « voies de Dieu. » Ces paroles prouvaient que sa dé- « termination était inébranlable ; ses parents n'osèrent plus s'opposer à une vocation si évidente ; ils lui demandèrent seulement de renoncer à la Trappe dont l'austérité les effrayait, et de se rendre plutôt chez les Chartreux, qui possédaient plusieurs monastères dans les environs. Benoît, heureux de pouvoir enfin se donner tout entier au Seigneur, consentit à ce désir de ses parents, et après s'être jeté à leurs pieds, pour recevoir leur bénédiction, il part pour la Chartreuse de Longuenesse, auprès de Saint-Omer. Il y est reçu avec bienveillance par le Supérieur qui l'entretient pendant quelque temps et qui admire le travail de la grâce dans cette belle âme. Mais, hélas, le Couvent vient de subir des pertes considérables par suite d'un terrible incendie, et on ne peut y admettre de Novices pour le moment. On l'engage à aller frapper à la porte de la Chartreuse de Neuville, et Benoît, habitué à adorer en tout la volonté divine, se dirige vers ce monastère. On conserve encore à Longuenesse une inscription monumentale, indiquant la cellule où saint Benoît avait édifié la Communauté, durant le court séjour qu'il y avait fait.

Une nouvelle épreuve l'attendait à Neuville ; le Supérieur le trouve trop jeune, et l'engage à se disposer à son admission par l'étude du plain-chant et de la dialectique. Benoît offrant à Dieu ce nouveau sacrifice, revient à Amettes ; mais, dès le lendemain de son arrivée, il demande à ses parents la permission de se rendre à la Trappe. En vain lui représente-t-on la longueur des chemins, et la difficulté de subsister, loin de la maison paternelle : « Laissez-moi aller, reprend Benoît, je vi- « vrai de racines comme les anachorètes ; avec la grâce « de Dieu, nous pourrons encore vivre comme eux. » Et il part avec confiance et bonheur, espérant y trouver le port du salut. Il a soixante lieues à parcourir, à pied, par des pluies continuelles, pour arriver à la

Trappe de Mortagne en Normandie, ce monastère si célèbre par la régularité et l'austérité de ses religieux. Rien ne l'arrête, il vole plutôt qu'il ne marche, et il arrive enfin en ces lieux où il croit pouvoir satisfaire son incroyable désir de mortification et de pénitence. Le Seigneur en avait disposé autrement ; la règle du monastère est inflexible et n'admet personne avant vingt-quatre ans accomplis. Benoît, désolé, consterné, adore avec résignation les desseins incompréhensibles de Dieu sur lui, et reprend la route d'Amettes, où il se retrouve, après un mois d'absence, les habits en lambeaux, et les pieds déchirés, mais toujours calme et plein d'abandon entre les mains de son Créateur.

Il resta encore deux ans à la maison paternelle, attendant le temps marqué par le Seigneur ; quoique Dieu l'eût visiblement retiré de la solitude, il ne s'en croyait pas moins appelé à la pénitence et à l'expiation ; ses austérités ne le cédaient en rien à celles des plus fervents religieux. Incertain de l'état qu'il devrait définitivement embrasser, il crut ne pouvoir mieux seconder les vues de la Providence qu'en menant au milieu du monde la vie des anciens Pères du désert. Outre les jeûnes fréquents, il pratiquait secrètement les œuvres de la plus rude mortification. Il ne cessait en même temps de prier et de lever les yeux vers les montagnes éternelles, pour obtenir la grâce de correspondre pleinement aux volontés divines.

Cependant, suivant les conseils qu'il avait reçus et qu'il respectait comme l'ordre de Dieu même, il s'était mis avec courage à l'étude du plain-chant et de la dialectique sous la direction de M. Dufour, alors vicaire à Ligny ; mais son maître ne tarda pas à reconnaître que sa vocation réelle devait se borner à la science des saints ; car il semblait s'appliquer sans fruit à l'étude de la philosophie, tandis que le plain-chant, élevant son esprit et son cœur vers Dieu, le transportait en quelque sorte spontanément à la contemplation des perfections infinies de la divinité.

Il n'avait nullement perdu l'espoir de consacrer ses jours à la vie monastique ; sa mère, à la naissance d'un nouvel enfant, avait vivement désiré de lui donner Benoît pour parrain ; celui-ci s'en excusa, en alléguant le temps considérable pendant lequel il serait absent, et par conséquent hors d'état de remplir les fonctions qu'on voulait lui confier ; sur l'insistance de ses parents, il céda, et donna au nouveau-né le nom d'Augustin.

CHAPITRE V.

Monseigneur de Pressy et saint Benoît Labre. — La chartreuse de Neuville. — Lettres de saint Benoît. — Notre-Dame de Sept-Fonts. — Paray-le-Monial.

Après deux ans d'attente, notre jeune saint renouvela sa demande d'autorisation pour entrer dans le cloître ; il rencontra encore beaucoup d'opposition de la part de sa famille et de ses amis ; tous cherchèrent à lui faire abandonner son projet ; ce fut une grande épreuve pour Benoît ; mais, soutenu par la grâce, il conservait, au milieu de ces luttes, une gaîté, une sérénité, une soumission admirables.

Ayant appris qu'une mission se donnait dans les environs de Boulogne, il demanda la permission d'en suivre les exercices ; et l'ayant obtenue, il se rendit au séminaire de Boulogne, où le vénérable supérieur, touché de sa ferveur et de ses peines, lui fit faire une retraite de quinze jours, et le présenta à Monseigneur de Partz de Pressy. Ce saint Prélat reconnut facilement que le bon Dieu appelait cette âme privilégiée à se donner entièrement à lui, et engagea notre Bienheureux à essayer de nouveau d'entrer à la Chartreuse de Neuville, en lui promettant que la bénédiction divine l'accompagnerait. Benoît, au comble de ses vœux, retourne alors à Amettes, bien décidé à prendre congé de sa famille et à lui dire un éternel adieu.

Les parents de Benoît étaient pleins de foi, et animés des sentiments les plus chrétiens ; aussi, dès qu'ils connurent la parole de l'évêque de Boulogne, ils donnèrent leur consentement avec la générosité d'Abraham, immolant son fils à la volonté de Dieu.

Ce fut le 12 août 1769, que Benoît, dans sa vingt-deuxième année, quitta son pays, après avoir humblement reçu la bénédiction paternelle. Et, quelques jours après, il arrivait à la Chartreuse de Montreuil. Le Prieur du monastère l'examine, trouve ses dispositions excellentes et l'admet aux épreuves des postulants. Battu par la tempête et ayant vu de près les horreurs de la mort, un infortuné n'entre pas dans le port avec plus de joie, que Benoît n'en ressentit, en passant du monde dans la solitude du cloître. Avec quelle ardeur se portait-il aux exercices les plus pénibles de la règle ! Sa satisfaction dura peu. Les supérieurs, en rendant justice à sa ferveur, se persuadèrent que Dieu ne le voulait pas dans leur Ordre, qu'il n'avait exigé de lui que la générosité du sacrifice, et lui annoncèrent qu'il devait renoncer à rester parmi eux, et commencer à mener cette vie plus pénible encore et plus méritoire, à laquelle le Seigneur le préparait peu à peu.

Le jour même de sa sortie, Benoît écrivit à ses parents pour les informer des nouvelles résolutions qu'il avait prises. Cette lettre est un monument de la beauté de son âme, de sa piété, de son zèle, en un mot, de l'héroïsme de sa vertu :

« Mon très cher père et ma très chère mère,

« Je vous apprends que les Chartreux ne m'ayant pas
« jugé propre pour leur état, j'en suis sorti le deuxième
« jour d'octobre. Je regarde cela comme un ordre de
« la divine Providence qui m'appelle à un état plus par-
« fait. Ils ont dit eux-mêmes que c'était la main de Dieu
« qui me retirait de chez eux. Je me dirige vers la
« Trappe, ce lieu que je désire tant et depuis si long-
« temps. Je vous demande pardon de toutes les peines
« que je vous ai causées ; je vous demande à l'un et à
« l'autre votre bénédiction, afin que le Seigneur m'ac-
« compagne ; je prierai le bon Dieu pour vous, tous les
« jours de ma vie ; surtout ne soyez point inquiets à mon

« égard... Ayez soin de l'instruction de mes frères
« et sœurs, et en particulier de mon filleul. Moyennant
« la grâce de Dieu, je ne vous coûterai plus jamais rien
« et ne vous ferai plus aucune peine. Je me recom-
« mande à vos prières, je me porte bien... Je ne suis
« sorti qu'après avoir fréquenté les Sacrements. Servons
« toujours le bon Dieu et il ne nous abandonnera pas.
« Ayez soin de votre salut, lisez et pratiquez ce qu'en-
« seigne le Père l'Aveugle ; c'est un livre qui fait con-
« naître le chemin du ciel ; et sans faire ce qu'il dit, il
« n'y a point de salut à espérer. Méditez les peines
« effroyables de l'enfer qu'on endure, une éternité tout
« entière, pour un seul péché mortel qu'on commet si
« aisément. Efforcez-vous d'être du petit nombre des
« élus. Je vous remercie de toutes les bontés que vous
« avez eues pour moi, et de tous les services que vous
« m'avez rendus, le bon Dieu vous en récompensera.
« Procurez à mes frères et sœurs la même éducation
« que vous m'avez donnée ; c'est le moyen de les rendre
« heureux dans le ciel ; sans instruction, on ne peut
« pas se sauver. Je vous assure que vous êtes déchar-
« gés de moi ; je vous ai beaucoup coûté, mais soyez
« assurés que, moyennant la grâce de Dieu, je profi-
« terai de tout ce que vous avez fait pour moi. Ne vous
« affligez pas de ce que je suis sorti de la Chartreuse ;
« il ne vous est pas permis de résister à la volonté de
« Dieu, qui en a ainsi disposé pour mon plus grand bien
« et pour mon salut ; je vous prie de faire mes compli-
« ments à mes frères et sœurs. Accordez-moi vos béné-
« dictions ; je ne vous ferai plus aucune peine. Le bon
« Dieu que j'ai reçu dans mon cœur, avant de sortir,
« m'assistera et me conduira dans l'entreprise qu'il
« m'a, lui-même, inspirée. J'aurai toujours la crainte
« de Dieu devant les yeux et son amour dans le cœur.

« Votre très humble serviteur,
« BENOÎT-JOSEPH LABRE.

« À Montreuil, ce 2 octobre 1769. »

On voit par cette lettre que notre Bienheureux avait toujours le désir d'être reçu dans l'Ordre qui était réputé le plus sévère ; il va donc de nouveau frapper à la Trappe ; mais la règle reste inflexible, on lui répond de nouveau qu'elle n'admet les novices qu'à 24 ans. Après quelques jours de prière, il prend la résolution de se diriger vers l'abbaye de Notre-Dame de Sept-Fonts. Il n'est arrêté ni par la saison rigoureuse qu'il aurait à subir, ni par la distance considérable qui le séparait de ce monastère, situé dans le diocèse d'Autun, auprès de Moulins ; il entreprend ce voyage seul, à pied, sans aucune ressource, vivant d'aumônes, souffrant avec patience les privations et les humiliations auxquelles cet état l'exposait. Sa vertu s'était fortifiée au milieu des contradictions, et lui donnait le courage de supporter de telles épreuves. Il arrive enfin à Sept-Fonts, il y est reçu en qualité de novice de chœur, sous le nom de frère Urbain. Il bénissait la Providence qui l'avait ainsi amené au terme de ses désirs, et il se croyait fixé pour toujours dans sa chère solitude. Mais Dieu, qui voulait le promener par le monde, comme une leçon vivante, et un modèle admirable de la pauvreté et de la mortification si recommandées dans l'Evangile, en avait disposé autrement. Il fut attaqué d'une maladie grave, et transporté dans l'hospice qui se trouvait en face du monastère ; là, on lui prodigua tous les soins nécessaires, avec une charité d'autant plus zélée et attentive, qu'on avait pu mieux apprécier sa vertu ; mais les supérieurs pensèrent, (comme les précédents, qui en avaient ainsi également jugé), que Dieu ne l'appelait pas à vivre dans le cloître ; ils le congédièrent à regret, en lui donnant les meilleurs témoignages de leur estime et de leur affection. On trouve sur le registre du noviciat : « Benoît Labre était pieux, obéissant et laborieux, et il « regrettait beaucoup la maison. » La tradition rapporte que le Frère Infirmier, après son départ, aimait à parler de la vertu de Benoît, et qu'il disait souvent : « Je ne doute pas que Labre deviendra un saint, et « fera parler de lui. »

Quant à notre Bienheureux, au milieu de ces tribulations, il ne cessait de répéter : « Que votre volonté se fasse, ô Seigneur. » Et Dieu le conduisait par des voies secrètes à un nouveau genre de solitude dans lequel il lui ferait pratiquer, au milieu même du monde, les vertus de pauvreté, de mortification, de sacrifice, dans un degré inconnu aux Ordres même les plus austères. Benoît ne songeait plus à retourner à la maison paternelle, de peur de s'exposer à manquer sa vocation. Mais il se dirigea vers Paray-le-Monial, afin de demander au Sacré-Cœur les lumières dont il avait besoin pour connaître ses desseins sur lui. Là, il logea plusieurs jours à l'hospice de la ville, où les sœurs furent tellement frappées de son air de sainteté, qu'elles recueillaient avec soin les miettes de son pain, pour les conserver précieusement. Benoît passait de longues heures en oraison au pied de l'autel des Apparitions du Sacré-Cœur, et les Religieuses de la Visitation, qui étaient profondément édifiées de la ferveur du saint pauvre, aiment à penser que ce fut dans leur chapelle, et par l'intercession de la vénérable Marguerite-Marie, qu'il reçut l'inspiration de commencer cette vie de pieux pèlerin que nous le verrons mener d'une manière si édifiante jusqu'à la fin de ses jours.

Cependant notre Bienheureux était encore persuadé que la Providence le destinait à embrasser l'état religieux ; dans cette pensée, il prit la route de l'Italie, espérant être reçu dans quelqu'un de ces monastères où on l'assurait que la vie était très régulière et très austère ; c'est ce qu'il nous apprend dans une lettre qu'il écrivit à ses parents, de Quiers-en-Piémont, pour les informer de sa sortie de Sept-Fonts et de ses nouveaux projets. Depuis cette époque, ils n'ont plus entendu parler de lui, jusqu'à sa mort. Voici cette lettre aussi édifiante, que celle que nous avons précédemment transcrite:

« Mon très cher père et ma très chère mère,

« Vous avez sans doute appris que je suis sorti de
« l'abbaye de Sept-Fonts et vous êtes en peine de sa-
« voir quelle route j'ai pu prendre depuis, et quel
« état de vie j'ai dessein d'embrasser. C'est pour m'ac-
« quitter de mon devoir et vous tirer d'inquiétude que

« je vous écris cette lettre. Je vous dirai donc que je
« suis sorti de Sept-Fonts le 2 juillet ; j'avais encore la
« fièvre, mais elle m'a quitté au quatrième jour de
« marche, et j'ai pris le chemin de Rome, je suis bien-
« tôt à moitié chemin ; je n'ai pas marché vite, parce
« que dans le mois d'août il fait de grandes chaleurs
« dans le Piémont où je suis, et que j'ai été retenu pen-
« dant trois semaines dernièrement par une petite ma-
« ladie, dans un hôpital où j'ai été assez bien soigné ;
« d'ailleurs, je me suis bien porté depuis que je suis
« sorti de Sept-Fonts. Il y a dans ce pays-ci plusieurs
« monastères où la vie est fort régulière et fort austère;
« j'ai dessein d'entrer dans quelqu'un et j'espère que
« Dieu m'en fera la grâce. Je sais que l'Abbé d'un de
« ces monastères de l'ordre de la Trappe a écrit à un
« Abbé de France, que, s'il avait des Français qui ve-
« naient dans son abbaye, il les recevrait, parce qu'il
« manquait de sujets... Ne vous inquiétez pas à mon
« égard, je voudrais bien avoir de vos nouvelles et de
« celles de mes frères et sœurs ; mais cela n'est pas pos-
« sible, à présent, parce que je ne suis pas arrêté dans
« un lieu fixe Je ne manque pas de prier Dieu pour vous;
« je vous demande pardon de toutes les peines que je
« puis vous avoir causées, et je vous prie de m'accorder
« vos bénédictions, afin que Dieu bénisse mes desseins ;
« c'est par l'ordre de sa Providence que j'ai entrepris
« le voyage que je fais. Ayez soin de votre salut et de
« l'éducation de mes frères et sœurs ; veillez sur leur
« conduite ; pensez aux flammes éternelles de l'enfer
« et au petit nombre des élus. Je suis bien content
« d'avoir entrepris ce voyage. Je finis en vous deman-
« dant de nouveau vos bénédictions, et pardon des
« chagrins que je vous ai occasionnés.

« Votre affectionné Fils,

« Benoît-Joseph Labre,

« en la ville de Quiers-en-Piémont, ce 31 août 1770. »

CHAPITRE VI.

Vie de Pèlerin. — La Confrérie des Cordeliers. — Vincente Roche. — La prière miraculeuse. — Les prisonniers de Bari. — Multiplication des pains. — Le barbier chirurgien.

Nous avons vu par quels sentiers rudes et difficiles Benoît-Joseph a eu le courage de marcher jusqu'à présent, conduit par le Seigneur, dont les vues sont toujours sages, mais souvent impénétrables ; plus admirable encore doit nous paraître le genre de vie qu'il embrassa depuis sa sortie de Sept-Fonts, et qu'il suivit constamment jusqu'à la mort ; il avait alors vingt-deux ans. Détaché du monde et ne se sentant de penchant que pour l'état religieux, il entreprend le voyage d'Italie dans l'unique espérance de rencontrer quelque monastère dont l'austérité répondît à ses désirs et qui consentît à le recevoir. Mais, par une disposition particulière de la Providence, il renonça bientôt à ce projet, ou plutôt le Seigneur, satisfait de la fidélité de son serviteur, mit un terme à cette longue hésitation et lui fit connaître d'une manière évidente la carrière toute nouvelle qu'il devait parcourir. Instruit par un ange de la volonté de Dieu, Abraham s'éloigne d'Ur en Chaldée, sa patrie, erre de contrée en contrée et vit en pèlerin dans cette terre d'exil ; conduit par le même esprit qui dirigea le patriarche de l'ancienne loi, Benoît se détermine à visiter les sanctuaires les plus célèbres et les plus chers à la piété des fidèles. A l'exemple d'un grand saint de la loi nouvelle, de saint Alexis, il quitte son pays, ses parents, ses amis, il abandonne tout, pour suivre Jésus-Christ dans les voies de la mortification, de la pauvreté et de l'humilité. Dieu éclaire dès lors de lumières si vives ses desseins à son égard que désormais il pourra répondre avec fermeté à ceux qui lui feront des objections sur le genre de vie qu'il va embrasser, ces simples paroles : « *Dieu le veut.* »

Du reste, la manière dont il entreprenait ses voyages

et la conduite qu'il y tenait, montrent suffisamment que c'est le Seigneur lui-même qui lui avait inspiré cette vocation extraordinaire. Ses longs et continuels pèlerinages, notre jeune saint les faisait toujours à pied, dépourvu des choses les plus nécessaires, et de la moindre somme d'argent pour se les procurer, vêtu très pauvrement, ne portant que des habits grossiers et usés qu'il raccommodait lui-même aussi longtemps qu'ils pouvaient servir ; couchant presque constamment sur la terre nue ou sous un hangar, il ne prenait aucune précaution pour se défendre des injures de l'air, de l'ardeur du soleil ou des rigueurs du froid. Il évitait les routes publiques et recherchait les lieux solitaires, refusant toute compagnie, même celle des personnes honnêtes, disant qu'il désirait faire oraison en voyage. Enfin, au milieu de toutes les privations et de tous les dangers, il se montrait plein de courage et de confiance, soutenu par son ardent amour pour Dieu et sa tendre piété envers la sainte Vierge.

C'est cette dévotion à Marie qui le porta à commencer sa carrière de pèlerin par une visite à Notre-Dame de Lorette. Après s'être mis sous la protection de la Mère de Dieu, notre saint pauvre se dirigea vers Assise pour y vénérer le tombeau de saint François, le grand patriarche et fondateur des Franciscains. Au début d'une vie toute de privation et d'humiliation, il sentait le besoin de se mettre aussi sous le patronage de ce pauvre si célèbre, qui a mérité d'être appelé *l'humble et pauvre François*. Ce fut par dévotion à saint François d'Assise qu'il se fit recevoir dans la confrérie du Saint-Cordon, fondée par Sixte Quint et enrichie de nombreuses indulgences ; il se prépara par la réception des sacrements à son admission dans la confrérie des Cordeliers ; et, à partir de cette époque, il se montra toujours l'enfant dévoué de saint François, dont il s'efforçait d'imiter les vertus ; il aimait à passer de longues heures en oraison dans l'église de Sainte-Marie des Anges, et on a constaté que, jusqu'à sa mort, il porta fidèlement le cordon de saint François. Ce fut également sa piété envers le patriarche d'Assise qui le porta à aller visiter les sanctuaires de l'Alverne, et surtout l'endroit où saint François reçut les stigmates; il y est représenté en face d'un crucifix, des plaies duquel partent des rayons de feu qui vont imprimer des cicatrices dans les mains, les pieds et le cœur de saint François. Ce touchant spectacle enflammait le cœur de notre Bienheureux, qui à cette vue, sentait s'accroître encore son amour pour les souffrances et la sublime pauvreté.

Benoît-Joseph arriva à Rome pour la première fois à la fin de l'année 1770 et passa trois jours dans l'hôpital Saint-Louis fondé par les pèlerins français. A Rome, le centre de la Religion catholique, la dévotion de Benoît ne pouvait que se dilater, s'agrandir; tout lui rappelait la vie de la foi et, comme saint Paul, il *surabondait de joie;* mais n'anticipons point sur ce qui regarde son séjour à Rome et qui fera l'objet d'un chapitre spécial. Nous allons auparavant parcourir rapidement les principaux sanctuaires qu'il visita pendant les dix dernières années de sa vie.

Il se sentit d'abord inspiré d'aller à Fabriano, où se trouvait le tombeau de saint Romuald, ce fondateur de rigides solitaires, cet insigne héros de la pénitence qui, jusqu'à une extrême vieillesse, ne cessa de pratiquer les plus rudes austérités. On comprend que notre Bienheureux ait voulu réclamer sa protection. M. Paggetti, curé de Fabriano, que Benoît avait pris pour son directeur, nous a conservé de précieux détails sur la vie qu'il y mena sous ses yeux. On lit dans une de ses lettres : « Il passait une partie de la journée à l'Église à
« prier avec une ferveur admirable... Je remarquai en
« lui une grande dévotion à l'adorable humanité de
« Notre-Seigneur et pour sa sainte Mère ; beaucoup de
« compassion pour les âmes du Purgatoire ; un grand
« mépris de lui-même ; il ne parlait de son corps que
« par un terme qui montrait bien le peu de cas qu'il en
« faisait ; un grand amour pour le prochain ; il priait
« avec ferveur pour tout le monde et donnait aux pau-
« vres la plus grande partie des aumônes qu'il recevait,
« ne se réservant que ce qu'il lui fallait pour sa misé-

« rable nourriture de la journée, sans penser au lende-
« main... » Ce respectable prêtre ajoute qu'il était alors fort embarrassé, ne pouvant pas achever la construction d'un hôpital, faute d'argent, et que Benoît Labre, en partant de Fabriano, lui dit qu'il reconnaîtrait volontiers les soins qu'on avait eus pour lui à l'hôpital où il avait logé, et que Dieu permettrait qu'on pût l'achever. M. Paggetti prit ces paroles pour une espèce de prédiction qui ne tarda pas à se vérifier; car peu après, une dame inconnue fit à cet hôpital un legs de cent écus romains qui suffirent pour terminer l'édifice.

A Fabriano résidait alors une pieuse veuve, appelée Vincente Roche, vivant dans l'affliction et dans le découragement; un jour, elle voit passer devant sa demeure le *saint pauvre* par une pluie torrentielle; émue de compassion, elle demande à Benoît s'il ne veut pas entrer un moment chez elle. Le Bienheureux fait un signe d'assentiment et la salue par ces mots : « *Loués soient Jésus et Marie* ». C'était son salut habituel, chaque fois qu'il adressait la parole à quelqu'un. Lorsqu'il fut assis, elle se mit à le considérer attentivement. En le voyant si modeste, si pauvrement vêtu, un crucifix sur la poitrine, un chapelet à la main et un autre au cou, elle ne douta point qu'il ne fût un grand serviteur de Dieu ; elle espéra qu'il saurait la consoler de ses peines : elle ne se trompait point. Benoît lui parla de la bonté et de la miséricorde de Dieu, de sa providence paternelle, des récompenses qu'il réserve à ceux qui souffrent, et cela avec tant d'onction qu'elle se sentit encouragée et fortifiée; à son départ, elle se recommanda à ses prières et lui fit promettre de revenir le lendemain. Cependant Vincente Roche raconta son heureuse rencontre à une de ses amies, Vincente Fiordi, que le Seigneur éprouvait depuis longtemps par d'horribles souffrances. On comprend facilement que cette pauvre fille conçut un vif désir de voir aussi Benoît; et il fut convenu que le lendemain on tâcherait de le décider à venir la visiter. Notre Bienheureux, toujours disposé à consoler les malheureux, consentit sans peine à cette démarche. A son entrée, la malade, frappée de sa physionomie, demeura convaincue, suivant ses naïves expressions, que c'était « Jésus-Christ lui-même ou un Saint du Paradis, » d'autant plus que ses paroles firent sur elle une telle impression qu'elle a déclaré n'avoir jamais rien entendu qui lui ait procuré tant de paix et de consolation ; Benoît lui parla aussi d'un secret de conscience que Dieu seul pouvait lui avoir révélé ; enfin, il lui dit que Dieu lui réservait encore de grandes douleurs, qu'elle devait s'animer à la patience et qu'elle passerait du lit où elle était couchée, en paradis. Cette prédiction se vérifia. Vincente Fiordi montra pendant plusieurs mois un courage surhumain au milieu d'horribles douleurs, et mourut dans les sentiments les plus chrétiens. Benoît accepta de prendre dans cette maison quelque nourriture, comme on l'en priait ; mais après une légère réfection, on eut beau le presser de manger davantage, il répondit simplement : « J'ai besoin de peu, ce que je prendrais de plus servirait à la pâture des vers. » Il eut plusieurs entretiens spirituels avec les personnes qui se trouvaient dans la même maison, et voulant reconnaître la charité dont il avait été l'objet, il demanda du papier et écrivit la prière suivante :

« Jésus-Christ, roi de gloire, est venu en paix.

« Dieu s'est fait homme. Le Verbe s'est fait chair.

« Le Christ est né de la Vierge Marie.

« Jésus allait en paix au milieu d'eux.

« Jésus-Christ a été crucifié. Jésus-Christ est mort.

« Jésus-Christ a été enseveli. Jésus-Christ est ressuscité.

« Jésus-Christ est monté au ciel.

« Le Christ est vainqueur, le Christ règne, le Christ commande.

« Que Jésus-Christ nous défende de tout mal.

« Jésus est avec nous.

« Notre Père... Je vous salue, Marie...

« Gloire au Père, au Fils, et au Saint-Esprit... »

Il leur remit cette prière, en ajoutant que « si elles la récitaient pieusement chaque jour leur maison et les maisons voisines seraient préservées de la foudre, de l'incendie et des tremblements de terre. » Ce qui s'accomplit à la lettre : Quelques années plus tard, un horrible tremblement de terre ayant détruit presqu'entièrement la ville de Fabriano, la maison des Fiordi ne fut pas même ébranlée, et, dès ce moment, cette prière se répandit rapidement parmi le peuple, et chacun voulait l'avoir, et la récitait avec une grande confiance. Nous devons toutefois remarquer que saint Benoît Labre n'avait promis cette préservation de malheurs, qu'aux personnes de la famille Fiordi, et en outre qu'il avait exigé qu'on récitât cette prière *pieusement*, ce qui suppose une conscience exempte de péché. Mais ceux qui la récitent dans de telles dispositions, en son honneur, peuvent évidemment espérer des grâces abondantes et sa puissante protection.

M. Paggetti raconte encore qu'un jour Benoît le suivit à la sacristie, et qu'après l'avoir salué profondément il lui demanda d'avoir la bonté de l'entendre en confession et de lui permettre de communier, s'il l'en jugeait digne. Il exprima aussi le désir de lui servir la messe, et, en considération de sa piété, le curé y consentit. Mais le recueillement, la ferveur de Benoît, en servant au saint sacrifice, et en recevant le corps adorable de notre divin Sauveur, frappèrent tellement les personnes présentes, qu'elles dirent à M. Paggetti : « Vous êtes bien heureux d'avoir eu un saint pour vous servir la messe. » Ce prêtre était, du reste, convaincu que Benoît avait conservé l'innocence baptismale et il se sentait pour lui une espèce de vénération.

Saint Benoît-Labre, après avoir été rendre une seconde fois ses hommages à Notre-Dame de Lorette, entreprit de parcourir le royaume de Naples, pour y visiter les sanctuaires les plus renommés ; à Bari, l'Église de Saint Nicolas ; à Naples, celle de saint Janvier ; au mont Gargan, celle de saint Michel.

A Bari, le passage du saint pauvre fut très remarqué ; on se souvient surtout de sa charité pour les prisonniers ; il y avait dans cette ville une prison ou salle basse où étaient renfermés les criminels ; à travers les barreaux de ce cachot, les détenus imploraient d'un ton lamentable la pitié des passants ; Benoît, ému de compassion, se met à genoux, place son chapeau à terre, et sur le bord, le crucifix qu'il avait toujours sur sa poitrine, puis il entonne le chant des Litanies de la sainte Vierge, avec une voix toute céleste, qui remue profondément les auditeurs ; aussi les offrandes tombèrent-elles nombreuses dans le chapeau du pèlerin qui s'empressa de les distribuer aux prisonniers. Encouragé par ce succès, il continua pendant plusieurs jours cet exercice de piété et de charité.

Il avait coutume de séjourner quelque temps dans chacun des lieux où sa dévotion l'avait attiré ; partout il trouvait moyen de rendre une foule de services au prochain, il allait consoler les affligés, veiller les malades, ensevelir les morts. Il avait aidé à accomplir ce dernier devoir envers une personne, lorsqu'on découvrit que plusieurs objets de prix avaient disparu ; les soupçons se tournèrent contre une servante ; celle-ci, tout en larmes, se jette aux pieds de Benoît et le supplie d'intercéder pour elle, afin qu'elle ne fût pas accusée injustement, et que Dieu voulût bien manifester son innocence. Il le promit ; et, deux jours après, le coupable remit les effets que cette pauvre femme était accusée d'avoir soustraits.

Un autre jour, il se reposait sur le bord d'une rivière, en se livrant, selon sa coutume, à de saintes contemplations, lorsque son attention est éveillée par les cris d'un jeune homme qui se noyait. A cette vue, sa charité s'enflamme ; sans balancer, il s'élance aussitôt, il ne sait pas nager ; mais Dieu le soutient ; il parvient à ramener sur la rive le corps, qui, hélas ! semble inanimé. Il fait tous ses efforts pour le rendre à la vie, mais sans succès ; il court alors à la ville voisine pour demander du secours ; et la Providence permet que la première personne qu'il rencontre soit le père du noyé. A force de soins, on parvient à obtenir quelques battements du cœur ; Benoît redouble de zèle et de précaution pour son malade, il commence une neuvaine au Saint-Suaire de Besançon ; sa persévérance est récompensée et le jeune homme recouvre la santé. Malgré les offres les plus généreuses, il ne voulut accepter pour toute récompense de ses soins que deux écus de six francs : encore les distribua-t-il aux premiers pauvres qui se présentèrent à lui.

Après ce long séjour dans le royaume de Naples, il fut de nouveau saluer sa bonne Mère à Lorette, et il passa le reste de l'année à Rome. Mais bientôt, poussé par l'Esprit de Dieu, il reprit sa besace de pèlerin et vit successivement la plupart des sanctuaires de France, entr'autres Notre-Dame de Liesse ; il visita deux fois Notre-Dame d'Eisidlen en Suisse; il eut beaucoup à souffrir dans ce voyage, à cause de la rigueur du froid et des pluies ; mais loin de s'en plaindre, il trouvait dans ses souffrances une telle satisfaction qu'il lui arrivait de renfermer de grosses pierres dans son sac, afin d'avoir plus de peine à marcher.

Il vint aussi à Moulins, en Bourbonnais, où il passa les fêtes de Pâques de l'année 1773. Il y reçut l'hospitalité d'abord chez un pieux maçon, nommé François Moret, puis chez le tailleur Faujon. Dans ces deux maisons, il refusa le lit qui lui était offert, et ne consentit qu'à coucher au grenier sur un peu de paille. Il descendait de son galetas dès la pointe du jour pour se rendre à l'Eglise où il édifiait grandement les fidèles par sa ferveur, et surtout par sa dévotion envers la sainte Eucharistie ; toutes les fois qu'on portait le saint Viatique aux malades, il ne manquait pas de l'accompagner avec autant de modestie que de recueillement. Il ne revenait au logis que le soir, où, après un léger repas qui consistait en un peu de pain trempé dans l'eau, ou une petite quantité de pois, il s'offrait à faire une lecture pieuse à la famille ; et souvent des personnes du voisinage venaient aussi en profiter, attirées, disaient-elles, par la curiosité de voir un saint. Benoît passait la plus grande partie de la nuit dans les pieux exercices de la méditation ; on l'entendait souvent se donner la discipline, et l'on surprit dans sa paille un fouet de cordes armées de pointes de fer.

Le Jeudi-Saint, il réunit dans la cour de la maison, douze pauvres auxquels il fit une distribution de pois et de pain ; il semblait n'en avoir qu'une petite quantité, et cependant ces pauvres, après s'en être rassasiés, emportèrent encore leurs écuelles pleines ; et l'on resta persuadé qu'ils s'étaient multipliés miraculeusement et que Dieu avait voulu récompenser ainsi sa piété et sa charité.

Le tailleur Faujon éprouvait depuis vingt ans de fréquentes douleurs d'une grande violence ; un soir, on avertit notre saint qu'il souffre horriblement et on l'engage à venir le consoler. Lorsque Benoît entra dans la chambre, Faujon lui dit : « Je souffre beaucoup, et ce sera sans doute ma fin. » Benoît, sans répondre, se met en prières, puis il console son hôte charitable, en ajoutant avec assurance que *ce ne serait rien...* Dès ce moment, les douleurs s'apaisèrent, et le mal disparut si bien qu'il n'en ressentit plus aucune atteinte pendant le reste de sa vie. Il resta persuadé que le saint Pèlerin lui avait obtenu cette guérison miraculeuse.

Saint Benoît voulut aussi aller visiter les célèbres sanctuaires de l'Espagne, Notre-Dame du Mont Serrat, Notre-Dame du Pilier, le Christ de Burgos, et d'autres encore, élevés en l'honneur des Saints vénérés des Espagnols. Dans le cours de son voyage, le Seigneur lui réserva une épreuve fort pénible. Il traversait un bois, plongé dans ses méditations ordinaires, lorsque tout à coup, il entend non loin de lui des cris plaintifs ; il y court, et voit un homme couvert de blessures et de sang sur le point d'expirer. Ce spectacle l'émeut vivement, il va chercher de l'eau pour laver les plaies du blessé et déchire une partie de ses vêtements pour les bander. Il lui prodigue, en un mot, les soins les plus empressés. Mais pendant qu'il était occupé à cet acte de charité, il entend un bruit confus de voix et plusieurs personnes qui arrivaient en tumulte. Benoît, sans se rendre compte de ce qu'il éprouve, s'effraie et se met à fuir ; mais on le saisit, deux cavaliers l'arrêtent, et voyant sur ses vêtements plusieurs taches de sang, ils n'ont plus de doute, c'est un des criminels qui ont assassiné le voyageur. Benoît est donc étroitement lié, malgré ses protestations, et conduit en prison. On peut juger de sa douleur, lorsqu'il se vit chargé de chaînes et plongé dans un cachot : cependant, son cœur ne s'abandonne point au murmure, sa conscience ne lui reproche rien, il attend avec confiance que Dieu le délivre. Son espérance ne fut point trompée. Si le voyageur avait été sauvé, s'il avait repris ses sens, c'était grâce aux premiers soins de Benoît. Dès qu'ils furent confrontés, l'on reconnut sans peine, aux déclarations de l'un et de l'autre, que Benoît, loin d'être son meurtrier, était son libérateur. Il sortit donc honorablement de cette prison ; mais il voulut continuer de soigner celui qui avait été l'innocente occasion de cette humiliation pour lui ; il ne le quitta qu'après son parfait rétablissement ; et avant de se séparer, ils allèrent tous deux remercier la Sainte Vierge, à son sanctuaire de Notre-Dame du Mont-Serrat, de la protection qu'elle leur avait accordée.

Saint Benoît Labre prit ensuite le chemin de Saint Jacques de Compostelle, qui était le but principal de son voyage ; il éprouva beaucoup de consolations dans ce célèbre et antique lieu de pèlerinage et il y fit plusieurs neuvaines en l'honneur de la Très-Sainte Trinité.

Après avoir repassé les Pyrénées, il traversa la ville de Fréjus ; sur la place de la cathédrale habitait un barbier, qui, selon l'usage de l'époque, remplissait en même temps les fonctions de chirurgien ; il avait vu sortir de la Basilique un pauvre tout déguenillé, qui paraissait épuisé, et dont les jambes étaient enveloppées de linge ; il en eut compassion, il le fit entrer, et avec une admirable charité se mit en devoir de panser ses plaies, de les laver, et de les recouvrir de linge propre et convenable ; puis, sans écouter la répugnance qui en aurait arrêté bien d'autres, il lui offrit de lui faire la barbe, ce que le Bienheureux accepta avec reconnaissance. Ces actes de sublime charité, qui avaient été inspirés au barbier-chirurgien, par sa foi, et par l'air de sainteté qu'il avait remarqué dans le pauvre pèlerin, ne restèrent pas sans récompense. Saint Benoît, en le quittant, lui avait promis de prier pour sa famille et l'avait assuré que le

Seigneur bénirait toutes ses entreprises. Cette prédiction *du pauvre du bon Dieu*, comme on le nomme encore dans le pays, s'accomplit d'une manière frappante : la famille du barbier-chirurgien devint une des plus considérées et des plus opulentes du pays. Quelques années plus tard, un des enfants tomba dangereusement malade et les médecins désespéraient de sa vie ; alors le barbier se mit à invoquer pour lui avec ferveur le Saint Pauvre, et la guérison extraordinaire obtenue par son intercession est constatée par un *ex voto* que l'on voit encore dans l'église de Fréjus.

CHAPITRE VII.

Notre-Dame de Lorette. — L'abbé Valéry. — Les époux Sori. — L'ex-trésorier du Schah de Perse. — Guérison d'un enfant. — Le Père Temple. — Les blasphémateurs.

Quelques personnes ont reproché à notre Bienheureux sa vie de pèlerin ; il est certain cependant que, depuis les premiers temps du christianisme jusqu'à nos jours, on vit un grand nombre de Saints entreprendre de longs et fréquents voyages par esprit de dévotion ; leur piété n'y perdait rien ; elle y gagnait au contraire beaucoup ; ils allaient avec ferveur visiter les sanctuaires les plus vénérés et en revenaient meilleurs chrétiens. C'est dans cet esprit que Benoît-Joseph accomplissait ses pèlerinages. Il ne cessait de prier pendant sa marche ; il ne s'arrêtait jamais pour considérer les objets capables de piquer ou de satisfaire la curiosité, jamais non plus il ne mettait les pieds dans les hôtelleries ; il passait les nuits en plein air et en employait une partie à méditer sur la religion ; il évitait la société et la compagnie de qui que ce fût. Il cherchait surtout dans ses voyages de nouveaux moyens de mortification.

Enfin aux pieds des Madones vénérées, ou à l'aspect

des tombeaux et des reliques des Saints que Dieu s'est plu à glorifier, son âme ardente et généreuse s'exaltait et se sentait plus vivement encore portée à la vertu.

L'Italie possède un sanctuaire, remarquable, entre tous, par son antiquité, et par la foule des pèlerins qu'il attire, c'est le sanctuaire de Notre-Dame de Lorette. On sait que cette chapelle, appelée dans le pays, la *santa casa*, est la maison même où s'est accompli le mystère de l'Incarnation ; transportée miraculeusement de Judée en Italie, elle est devenue le théâtre d'innombrables miracles et l'objet de la vénération des fidèles. C'est là que l'ange Gabriel est venu saluer la Très sainte Vierge et lui annoncer qu'elle a été choisie pour devenir la Mère de Dieu ; c'est là que Marie s'est exercée à toutes les vertus ; c'est là que s'est passée l'enfance de Jésus. On conçoit aisément combien la tendre piété de Benoît éprouvait de consolation dans la méditation de ces touchants mystères ; aussi revenait-il chaque année rendre ses hommages à Notre-Dame de Lorette.

Il ne se rassasiait pas de contempler ces murs, témoins du mystère le plus incompréhensible de l'amour d'un Dieu pour les hommes. Tant que les portes de la Basilique étaient ouvertes, du matin au soir, on le voyait persévérer dans la prière : tantôt il assistait dans une immobilité complète aux messes qui se succédaient, presque sans interruption, toute la matinée ; tantôt il s'unissait aux chants des offices et des litanies de la Sainte Vierge, avec un accent de piété et de ferveur qui touchait tous les assistants ; tantôt il se retirait dans quelque recoin ou derrière un pilier, afin de pouvoir s'y livrer, plus aisément et sans être aperçu, aux transports de sa dévotion et aux épanchements de son amour. Il choisissait les moments où il y avait le moins de monde, pour pénétrer dans l'intérieur de la *sainte Case*, et là il se laissait aller à d'ineffables contemplations, la tendresse et la reconnaissance lui faisaient verser d'abondantes larmes, et même il y éprouva plusieurs fois de véritables extases.

L'abbé Valéri, sacristain de la Basilique, avait souvent remarqué un pauvre en guenilles, à l'air modeste et recueilli, une ceinture de corde autour des reins, un chapelet et une croix suspendus au cou, qui passait des heures entières à genoux ; il l'avait vu, quand on fermait l'église, se retirer près du portail, et là, appuyé contre le mur, continuer ses lectures et ses méditations; ou bien s'étendre sur le pavé du portique et prendre ainsi le repos de la nuit, afin de pouvoir entrer dans le lieu saint, aussitôt que la porte serait ouverte ; il s'était dit en lui-même : « C'est un fou ou un grand saint. » Mais cette dernière supposition lui paraissait plus vraisemblable, à cause de la modestie, du recueillement, qu'il remarquait en ce pauvre extraordinaire. Un jour, il se décide à lui adresser la parole et lui offre de lui procurer un lit dans l'hospice, ajoutant qu'il était imprudent de passer ainsi la nuit sur le marbre, exposé à l'extrême fraîcheur et à toutes les intempéries de l'air. Il obtient cette seule réponse :« Les pauvres ne doivent pas avoir de lit commode, mais se coucher comme ils le peuvent. » Et comme l'abbé Valéri insistait : « Je ne veux pas aller à l'hospice, parce qu'on y entend trop offenser Dieu. »

Ces derniers mots et quelques autres explications avaient révélé à l'abbé Valéri toute le sainteté du pauvre pèlerin ; aussi cherchait-il toutes les occasions de lui rendre service et de se recommander à ses prières ; une fois seulement, il réussit à lui faire accepter un mauvais vêtement. Il engagea aussi le pauvre pèlerin à se retirer pour la nuit sous les galeries de la Pénitencerie, où il souffrirait moins du froid ; et Benoît, docile aux avis qu'il recevait des ministres du Seigneur, suivit son conseil ; mais, au lieu de s'y reposer, il fut surpris plusieurs fois au milieu de la nuit, prosterné, la face contre terre, devant l'image vénérée d'une Madone qui se trouvait à l'extrémité du Portique.

L'année suivante, lorsque saint Benoît Labre revint à Lorette, il demanda à passer la nuit dans quelqu'étable chez les habitants de la campagne, ce qui ne l'empêchait pas d'arriver au sanctuaire de grand matin, pour l'ouverture des portes. Cependant l'abbé Valéri cherchait à lui procurer un logement plus convenable, mais toujours en rapport avec ses goûts de solitude et de prière. Après plusieurs démarches rendues inutiles par l'amour de Benoît pour la pauvreté et la mortification, il crut avoir trouvé ce qu'il cherchait, dans la maison des époux Sori Ceux-ci furent enchantés de pouvoir loger le *saint pauvre*, et quoiqu'ils ne fussent pas à leur aise, ils refusèrent toute espèce de dédommagement pécuniaire. Il fut donc convenu qu'ils réserveraient à Benoît une petite chambre basse, très pauvrement garnie, afin de ne pas effrayer son humilité, et qu'ils le traiteraient sans aucune espèce d'estime, seul moyen d'obtenir que Benoît consentît à cet arrangement.

L'abbé Valéri se chargea de le faire agréer au Bienheureux, qui finit par céder aux instances du prêtre, et par accepter l'abri qu'on lui offrait. Le soir, il se dirige donc vers la maison, il attend qu'on lui ouvre, puis il salue ses hôtes par son souhait accoutumé : « *Loués soient Jésus et Marie.* » et il remercie Gaudence et Barbe Sori de la charité qu'ils voulaient bien lui faire au nom de Notre-Seigneur Jésus-Christ. Introduit dans la chambre basse qui lui était réservée, il trouva qu'elle était trop bien pour lui. « Pourquoi tout ceci ? disait-il; un pauvre n'a besoin que de quelques pieds de terre pour se mettre à couvert ; il ne lui faut pas de lit; n'avez-vous pas quelque réduit plus pauvre ? » Il ne consentit à y déposer son sac, que lorsqu'on l'eut assuré que c'était la plus mauvaise chambre de la maison. On lui servit ensuite un modeste repas : « Eh quoi ! s'écria-t-il, ce n'est pas assez de me loger, vous voulez encore me nourrir ? » — Il ne commençait à manger qu'après en avoir été pressé par la maîtresse du logis ; il n'acceptait que des fragments ou des débris; son amour pour la pauvreté lui persuadait qu'il ne devait recevoir que les restes. Son humilité avait trouvé un autre moyen de se satisfaire. Il voulut qu'on l'enfermât à clef pendant la nuit, sous prétexte qu'on ne le connaissait point, et il fallut passer par là, sous peine d'être privé de la consolation de le posséder. Le matin, quand on allait lui ouvrir, on le trouvait toujours en prières, à genoux, ou debout, ayant à la main un livre de piété. Il se dirigeait aussitôt vers le sanctuaire de sa bonne Mère et ne rentrait que le soir. Il préférait se priver de nourriture, toute la journée, que de perdre quelques instants du temps précieux qu'il passait aux pieds de Jésus et de Marie, car il allait successivement de la Mère au Fils et du Fils à la Mère, jusqu'à ce qu'arrivât le moment de réciter les litanies de la Sainte Vierge (1), ce qui avait lieu le soir avec un grand concours de peuple. Il restait à l'église jusqu'à la fermeture des portes ; c'est alors seulement qu'il prenait le petit repas que lui avait apprêté Barbe Sori ; il ne mangeait pas autre chose dans la journée, faisant ainsi un jeûne continuel, et, comme on le voit, des plus rigoureux, en suivant l'antique usage des plus austères anachorètes.

Rome, qui fut toujours la ville hospitalière par excellence, était devenue l'asile d'un Persan, nommé Zitli qui avait été gouverneur d'une grande ville et très puissant à la cour du roi de Perse ; mais par suite d'une révolte, il fut obligé de fuir, perdit la plus grande partie de ses richesses, et vint se réfugier en Europe. Ses malheurs étaient un bienfait de la grâce. Zitli était de la secte de Mahomet, il eut le bonheur d'ouvrir les yeux à la vérité, et abjura l'Islamisme, pour embrasser la religion catholique. Ce fut quelque temps après, qu'il se fixa à Rome où il recevait une modeste pension de la Propagande.

Zitli avait conçu un ardent amour pour la Sainte Vierge, et il allait de temps en temps faire un pèlerinage à Notre-Dame de Lorette. Il en revenait, lorsqu'entrant, un jour, dans un sanctuaire vénéré, qui se trouve sur la route de Rome à Lorette, il aperçoit un pauvre, les bras croisés sur la poitrine, les yeux levés vers le ciel, et paraissant plongé dans une extase d'amour. Cette vue fit sur lui une très forte impression ; mais lorsque, le soir, revenant à l'Eglise, il vit ce pauvre immobile, à la même place, dans la même position, sa surprise fut au comble. Animé du désir de connaître

(1) On appelle les Litanies de la sainte Vierge, *Litanies de Lorette* (Litaniæ Lauretanæ), parce que c'est en ce lieu qu'elles ont commencé à être chantées publiquement.

cet homme extraordinaire, il s'approche et l'invite à venir prendre chez lui quelque nourriture, Benoît baisse la tête, réfléchit un instant, puis accepte. Après une courte prière, il se lève pour suivre celui qu'il appelle son bienfaiteur. Il n'est pas besoin d'ajouter qu'une étroite amitié se forma entre ces hommes d'une piété éminente, qui cherchaient tous deux avant tout à se sanctifier. Ils s'entretinrent longtemps des voies par lesquelles le Seigneur conduit ses élus, et ne se séparèrent qu'en se promettant de dire l'un pour l'autre un *Ave Maria* dans les sanctuaires qu'ils visiteraient.

Le lendemain Zitli arriva dans un village où il comptait passer la nuit ; mais dans l'hôtellerie, il entend raconter un fait merveilleux. Deux jours auparavant, un pauvre voyageur était venu demander un abri à une personne de ce village ; c'était une mère qui se trouvait dans la désolation, parce qu'elle avait un petit enfant à la mort, et condamné des médecins ; elle demanda avec instance au pauvre de prier pour lui ; le pèlerin le promit, et posa ses deux mains sur la tête de l'enfant qui cessa aussitôt ses cris ; le lendemain matin, il se trouvait parfaitement guéri. La mère transportée de joie court pour remercier son hôte, mais il était déjà parti. Zitli, frappé de ce miracle, demanda quelques renseignements sur le pauvre pèlerin, et au portrait qu'on lui en fit, il ne lui fut pas difficile de reconnaître en lui Benoît Labre, dont le Seigneur voulait ainsi récompenser la vertu.

Le pénitencier Français à Notre-Dame de Lorette était alors le Père Temple, religieux conventuel d'une grande vertu ; il est resté persuadé que notre saint pauvre qui fréquentait son confessionnal et qui lui fit même une confession générale, n'avait jamais commis un péché de propos délibéré et qu'il n'avait cessé de correspondre aux grâces éminentes qu'il recevait de Dieu. La manière dont ce prêtre, très versé dans la direction des âmes, fit la connaissance de Benoît, est d'ailleurs assez remarquable : il voit, un jour, venir à lui un homme qui, malgré ses haillons, avait un air de dignité, de modestie, de recueillement et de piété, qui le frappe tout d'abord ; mais son étonnement augmente, lorsqu'il entend ce pauvre s'exprimer ainsi : « Mon Père, je désirerais, pendant le temps que Dieu me fera la grâce de rester à ce Sanctuaire, me soumettre en tout à votre obéissance. Pour le moment il me suffirait que vous me permettiez, si vous le jugez bon, de suivre mon régime ordinaire » — « Mais quel est ce régime ? » reprend vivement le confesseur, surpris d'une telle demande. — « J'ai coutume, répond Benoît, de me contenter de ce qui m'est offert par charité sans jamais demander l'aumône. » — « Mais si l'on ne vous donne rien ? » — « Il y a les épluchures que l'on jette dans les rues et où je trouve toujours quelqu'écorce de pomme ou d'orange, quelque feuille de chou ou d'autre légume qui suffit pour me soutenir jusqu'au lendemain. » — « Mais enfin, si ces choses vous manquent ; vous voulez donc tenter Dieu ? » — « Je trouve toujours dans la campagne quelques herbes ou quelques racines, et je bois l'eau des fossés. » Ce court entretien décelait jusqu'où pouvait aller son abnégation et son profond mépris des besoins de la nature.

Du reste le Pénitencier entendait souvent les pèlerins faire l'éloge des vertus extraordinaires *du petit saint français*. Les uns l'avaient surpris se donnant une rude discipline pour obtenir la conversion des pauvres pécheurs ; d'autres assuraient l'avoir vu en extase devant une statue miraculeuse de la sainte Vierge. La plupart s'étonnaient qu'il pût faire l'aumône à un grand nombre d'indigents, lui qui ne la demandait jamais pour lui-même. On admirait sa ferveur, son recueillement, son pieux usage d'aller toujours saluer le bon Dieu à l'Eglise, lorsqu'il traversait un village ; sa répugnance à loger dans les hospices, à cause des offenses de Dieu qui y sont commises.

Des voyageurs racontaient que notre Bienheureux avait rencontré une bande de vagabonds qui juraient et blasphémaient à l'envi ; Benoît s'arrête pour les réprimander, et les conjure de ne plus outrager ainsi leur bon Maître. Alors ces misérables se jettent sur lui, le renversent par terre et le maltraitent avec fureur.

Heureusement les voyageurs arrivaient pour délivrer le saint du bon Dieu, qui, avec une douceur incomparable, excusait encore ses persécuteurs, et assurait qu'il méritait ces mauvais traitements. Tant de charité et de patience avait touché les vagabonds eux-mêmes ; et deux d'entre eux se convertirent sincèrement et vinrent se réconcilier avec Dieu au Sanctuaire de Notre-Dame de Lorette.

Le Père Temple était dans l'admiration de la pureté de l'âme et de la délicatesse de conscience de son vertueux pénitent ; il l'appelait un ange terrestre, un nouvel Alexis, un second Louis de Gonzague. Il le comparait en tout et pour tout à son séraphique Père saint François, à la seule réserve, disait-il, des stigmates et de la fondation des ordres religieux. Il ne comprenait pas la profondeur de l'humilité de saint Benoît Labre, qui récitait son *Confiteor* avec larmes et componction, et en tremblant comme un criminel en présence de son juge, et qui ensuite déplorait son ingratitude envers Dieu, sa négligence à profiter des grâces qu'il avait reçues; mais en réalité, le confesseur ne pouvait découvrir aucune faute volontaire, ni trouver matière à l'absolution.

Voici le tableau qu'il fait de notre Bienheureux :
« Pour exprimer de quelle ferveur de charité j'ai vu
« brûler ce serviteur de Dieu, je ne puis trouver d'au-
« tres termes que ceux mêmes dont se servait saint Bo-
« naventure à propos de notre séraphique Père saint
« François : c'était un charbon embrasé, tout absorbé
« dans la flamme du divin amour ; au seul nom du di-
« vin amour, il s'animait et s'enflammait. Il avait une
« grande dévotion aux plaies du Sauveur, ces plaies,
« disait-il, capables de blesser des cœurs de pierre et
« d'enflammer infailliblement des âmes de glace.

« Il gardait constamment la présence de Dieu; et pour
« s'y entretenir et savourer sans cesse les consolations
« de son bien-aimé, il ne cessait de prier. La prière
« était à ses yeux la grâce la plus désirable, sans la-
« quelle on ne pouvait s'avancer dans la vertu ; aussi
« était-elle son occupation, son passe-temps, sa récré-
« ation et ses délices. Ce qui abrégeait son sommeil,

3.

« c'était la douleur de ne plus savourer par la prière
« la présence et les amabilités de son Dieu.

« Son âme avait été fidèle en toutes choses à la grâce
« divine; elle avait dompté, elle avait vaincu la partie
« inférieure; elle courait allègrement dans les voies du
« Seigneur. Le corps, réduit en servitude, n'était plus
« un obstacle à son union avec Dieu; et cette âme pri-
« vilégiée, dépouillée d'elle-même, entrait paisiblement
« dans les éblouissements de l'amour divin.»

Le Père Temple était convaincu que le Seigneur glorifierait un jour son serviteur; aussi a-t-il consigné avec beaucoup de soin sur le registre des pèlerins ses impressions sur *ce prodige de sainteté*, ce séraphin d'amour, et il recommande d'avoir la plus grande confiance en ce témoignage, *après la mort du si grand et si admirable saint français Benoît-Joseph Labre.*

CHAPITRE VIII.

Séjour à Rome. — Le Colysée. — Jacqueline de Picardie. — L'hospice évangélique.— La Madone miraculeuse.— Notre-Dame des Monts.-- Les Maronites.

Rome, la capitale du monde chrétien, le centre de la religion catholique, la cité sainte, la Jérusalem de la nouvelle alliance, le lieu du triomphe et du repos du prince des apôtres, devait nécessairement attirer notre saint pèlerin. Rome pouvait seule, par le nombre prodigieux de ses églises, par la multiplicité de ses dévotions, par la facilité qu'elle offre de gagner des indulgences innombrables, étancher la soif des eaux de la grâce qui consumait Benoît. Il venait donc souvent à Rome, non pas pour admirer les monuments de l'antiquité, mais pour y travailler à sa sanctification et à son salut. Une chose le touchait particulièrement, c'était la dévotion du peuple romain envers Marie; il était heureux, en traversant les rues de Rome, de rencontrer partout l'image de sa Mère bien-aimée ; dans les carrefours, à la devanture des magasins et des hôtelleries, au coin des rues, une statue de la Sainte Vierge occupait la place d'honneur, et bien souvent une lampe brûlait devant elle. Benoît eut bientôt remarqué les Madones les plus vénérées du peuple, il aimait à leur rendre ses devoirs, et les saluait avec des signes non équivoques de respect et d'amour.

En arrivant à Rome, Benoît chercha d'abord un abri solitaire pour la nuit ; il le trouva près du Colisée, lieu célèbre dès les temps du paganisme, et si cher aux chrétiens depuis qu'il a été consacré par le sang d'une foule de martyrs. Il découvrit sous d'anciens murs presque entièrement détruits un enfoncement suffisant pour contenir un homme et le mettre à couvert de la pluie et des injures de l'air ; son choix fut fait aussitôt : il n'eut plus d'autre logement que cette misérable retraite. C'est là qu'il prenait un peu de repos, après avoir passé toute la journée en prière dans les églises, et avoir assisté, le soir, à l'instruction qu'on fait aux pauvres. Le Père Carezani le vit, plusieurs fois, sortir de grand matin de cette espèce de grotte ; il avait remarqué, sous ses haillons, son air modeste et distingué. « Sa figure, dit-il, « respirait l'humilité et le calme d'une belle âme. A « peine sorti de son trou, le saint pauvre levait les yeux « au ciel avec une grande piété, faisait le signe de la « croix d'un air affectueux, puis se recueillait et restait « quelque temps dans l'exercice de la prière. »

Benoît se rendait aussitôt à l'église et il y restait de longues heures, à genoux, en contemplation, aux pieds de Jésus et de Marie. Il n'en sortait que pour recevoir la soupe à la porte d'un couvent et se diriger au plus vite vers un autre sanctuaire où il passait le reste de la journée. Il n'était jamais arrêté par le mauvais temps ; parfois il pleuvait à verse ; même en plein hiver, notre saint ne paraissait pas s'en apercevoir ; il n'en continuait pas moins ses oraisons, et il ne changeait jamais ses vêtements qui devaient se sécher sur son corps.

Il ne put résister longtemps à ce genre de vie ; sa santé fut promptement altérée, une nourriture malsaine et insuffisante, des austérités continuelles, une posture gênante et incommode, c'en était trop pour détruire un tempérament qui n'était point d'une constitution robuste. Le serviteur de Dieu dépérissait à vue d'œil ; il survint une enflure qui s'étendit rapidement sur la moitié du corps ; sans de prompts secours, il allait succomber.

Mais un bon pauvre, nommé Théodose, mort depuis, en grande réputation de vertu, était alors gardien de l'Hospice évangélique, destiné à loger douze indigents, en l'honneur des saints apôtres. Théodose, qui connaissait et estimait Benoît, touché de compassion, le présente à M. l'abbé Mancini, administrateur de cet hospice ; ce prêtre, plein de charité pour les malheureux, reçut Benoît et pourvut à son traitement et à sa nourriture. Ces soins furent couronnés de succès et on parvint à arrêter le mal. Notre Bienheureux ne fut pas plutôt rétabli qu'il alla trouver son bienfaiteur et lui dit : « Vous voyez, Monsieur, que je suis parfaitement guéri ; la charité que vous avez de me loger dans votre hospice, vous pouvez la faire à quelqu'autre pauvre ; je suis en état d'aller recevoir la soupe à la porte des couvents. Mais comment vous témoigner ma reconnaissance ? Je le vois bien, sans vous, je serais mort de cette enflure. C'est à vos bontés que je dois la vie. » — « Mon cher ami, répond l'excellent prêtre, ne me remerciez pas, mais rendez grâces à Dieu, qui vous a guéri ; si vous me faites la charité de penser à moi dans vos prières, j'y serai bien sensible. » — « Je le ferai toujours, reprend Benoît avec la vivacité de la reconnaissance. »

Quoique le serviteur de Dieu ne fût pas dans les conditions requises pour être reçu régulièrement dans l'Hospice évangélique, cependant sa conduite édifiante et ses rares vertus engagèrent M. Mancini à lui permettre de loger dans cette maison de charité, et d'y passer les nuits avec les autres pauvres. Il en avait une si haute opinion, que toutes les fois qu'il le voyait passer, il disait à ceux avec lesquels il se trouvait : « Voilà un saint ! »

M. l'abbé Mancini nous a laissé de précieux détails

sur la vie qu'il menait à l'Hospice évangélique : « Le
« serviteur de Dieu, dit-il, se retirait à l'hospice, ordi-
« nairement vers six heures du soir ; lorsqu'il n'était
« pas encore ouvert, au lieu de se joindre aux autres
« pauvres, il allait se mettre à genoux derrière une pe-
« tite colonne de la façade de l'hôtel voisin ; là il priait
« dévotement jusqu'à ce qu'il entendît ouvrir la porte.
« Après être entré dans la première salle où il avait
« son lit, il continuait à s'entretenir avec Dieu, tandis
« que les autres pauvres s'amusaient et causaient en-
« tr'eux dans l'autre salle. Dès que le gardien donnait
« le signal pour la prière du soir, qui se faisait en com-
« mun, et qui durait une demi-heure, il s'y rendait
« promptement, et, à la grande édification de tous, il
« répondait toujours avec beaucoup de modestie, de
« piété et de recueillement ; ensuite il se retirait auprès
« de son lit et continuait à prier. La lumière éteinte, il
« prolongeait encore son oraison, et jamais on ne l'a
« vu se déshabiller pour se coucher. Dès qu'il s'éveil-
« lait, il se remettait à prier ; le gardien de l'hospice
« et les autres pauvres l'ont entendu souvent, la nuit,
« faire des oraisons jaculatoires et des actes de con-
« trition. Il implorait aussi la divine miséricorde, en
« s'écriant : Ayez pitié de moi, Seigneur, ayez pitié de
« moi.

« Benoît logeait volontiers dans cet hospice, parce
« qu'on n'y souffre pas que les pauvres tiennent de
« mauvais discours, s'échappent en paroles indécen-
« tes ou de colère ou de dispute, sous peine d'être chas-
« sés. Le matin, au signal donné par le gardien, il
« se levait aussitôt, assistait avec les autres pauvres
« à la prière commune, et se rendait, toujours en
« priant, dans quelqu'Eglise où il demeurait à genoux
« au pied des autels jusqu'à midi ; quelquefois cepen-
« dant il passait la moitié de la matinée dans une Eglise,
« et la moitié dans une autre. Ensuite il allait recevoir
« la soupe, à la porte d'une maison religieuse ; de là, il
« se dirigeait vers quelque sanctuaire où le Saint Sa-
« crement était exposé pour les prières des Quarante-
« Heures et n'en sortait qu'au soir. »

M. Mancini a vu souvent Benoît, après avoir reçu la soupe, prendre, avant de commencer à manger, son écuelle à deux mains, la tenir élevée comme pour offrir à Dieu sa nourriture et rester en prières dans cette posture cinq ou six minutes, montrant par là qu'il était plus occupé de son âme que de son corps.

Le Bienheureux récitait tous les jours le Bréviaire et d'autres Offices particuliers ; il faisait ensuite plusieurs lectures de piété, qui lui inspiraient de nombreuses oraisons jaculatoires.

Il avait un attrait sensible pour l'Eglise de Notre-Dame des Monts. En dehors des prières des Quarante-Heures, qui ont lieu d'une manière continue dans les diverses Eglises de Rome, et qu'il suivait très régulièrement, on peut dire que Notre-Dame des Monts était son sanctuaire de prédilection, et il y passait la plus grande partie de son temps. L'origine de cette église bâtie au XVIe siècle en l'honneur de la Sainte Vierge est d'ailleurs assez remarquable : Un ouvrier remuait du foin dans un grenier provenant d'un ancien couvent de Clarisses, lorsqu'il entend distinctement cette parole : « Prenez garde, ne me blessez pas. » Après un moment d'émotion, l'ouvrier reprend son travail ; au bout de quelques minutes, sa fourche frappe de nouveau le mur, et la même voix reprend : « Prenez garde, épargnez du moins mon fils. » Cette fois, il s'arrête et va raconter son aventure... On accourt, on débarrasse avec précaution le foin, et l'on trouve peinte sur la muraille une magnifique image de la Sainte Vierge, portant le saint Enfant-Jésus. On se met en prières, plusieurs guérisons sont obtenues, les miracles s'opèrent... Le pape Grégoire XIII vient lui-même vénérer la Madone et fait vœu d'élever en son honneur une magnifique basilique. Le pan de mur, où était peinte l'image de la Sainte Vierge, fut transformé en rétable du Maître-Autel, et l'on y voit encore la trace des deux coups de fourche que reçurent la Mère et son divin Fils.

On comprend que cette vue enflammait d'amour et de compassion le cœur de notre saint pauvre ; il y passait presque toutes les matinées, à genoux près de la balustrade, tantôt récitant l'Office divin, tantôt lisant quelque livre ascétique, comme l'Imitation de Jésus-Christ, la Guide des pécheurs ; et s'unissant avec une grande ferveur à toutes les messes qui se célébraient dans le sanctuaire.

Une des principales dévotions de Benoît consistait à méditer sur la passion de notre divin Sauveur ; c'est à cet effet qu'il se retirait souvent, pour passer les nuits, sous une des nombreuses arcades du Colysée. Dans cette arène où tant de martyrs ont reçu la palme de la victoire, au milieu de l'obscurité de la nuit, à laquelle la solitude venait encore ajouter ses terreurs secrètes, il aimait à parcourir les stations du Chemin de la croix, établies dans le pourtour de cet imposant édifice.

Souvent aussi il allait monter à genoux, lentement et en méditant à chaque degré les humiliations et les douleurs du Sauveur, le *Saint Escalier* que son bon Maître avait gravi si péniblement lorsqu'on le traînait au Prétoire.

Ce pauvre, inconnu de tous et si méprisable en apparence, était devenu, sans qu'on s'en doutât, l'objet de la vénération publique, et la surprise fut générale, lorsqu'on reconnut à sa mort de combien de traits de vertu l'on pouvait recueillir le témoignage en sa faveur.

Ce que nous avons déjà dit du Bienheureux Benoît Labre montre combien il avait d'horreur pour le péché, et nous ne serons pas étonnés de le voir fuir les occasions dangereuses, comme à la vue d'un serpent ; c'est pour cela qu'il ne voulait point loger dans les auberges, et qu'il refusait l'hospitalité, à moins qu'il ne pût rester isolé ; non seulement il évitait personnellement le péché avec le plus grand soin, mais il le détestait également dans les autres. Il éprouvait une véritable souffrance, lorsqu'il entendait blasphémer le saint Nom de Dieu. — Les pauvres de l'hospice évangélique parlaient un jour de mensonge et l'un d'eux se mit à traiter cette faute de bagatelle, dont il ne fallait pas tenir compte. Benoît reprit aussitôt avec vivacité : « Pour tout au monde, il ne faudrait pas mentir, attendu que le mensonge est une offense à Dieu. » — Une autre fois, il entend quelqu'un avancer cette étrange proposition : « Encore vaut-il mieux être bien ivre que malade. » — « Quel indigne propos, s'écrie Benoît, ne savez-vous pas que l'ivrognerie est un péché mortel ? »

Jacqueline Bombled, dont le père était Picard, avait souvent occasion de rencontrer Benoît ; elle était très édifiée de sa manière de prier, et de l'ardeur avec laquelle il s'unissait au chant des Litanies. Elle avait remarqué aussi qu'il récitait ordinairement le *Miserere*, en se rendant d'une église à l'autre ; elle admirait l'indifférence avec laquelle il recevait les aumônes qu'on lui offrait ; et la générosité avec laquelle il faisait lui-même la charité à d'autres nécessiteux ; elle aimait à unir ses prières à celles de ce saint pauvre, et il lui semblait qu'elles étaient ainsi plus sûrement exaucées. Un jour, à Notre-Dame des Monts, elle voit Benoît sortir de sa contemplation et jeter sur elle un regard tellement sévère, qu'elle sent la frayeur s'emparer de son âme. Quelques minutes après, le saint pauvre se tourne de nouveau de son côté, avec un air de reproche qui la trouble profondément ; elle fait alors l'examen de sa conscience et y découvre un défaut qu'elle n'avait pas encore pensé à accuser. Nul doute, c'est Dieu qui a éclairé d'une lumière surnaturelle son serviteur, et il a lu dans son intérieur ; elle se met à pleurer amèrement ; et ce n'est qu'après s'être confessée quelques jours après, qu'elle retrouve le calme et la paix de l'âme dont elle se croit redevable à la prière du Saint du bon Dieu.

Ce qui faisait le caractère distinctif de Benoît, c'était l'amour de la mortification et de la pauvreté. Nous avons déjà cité plusieurs traits de ses austérités effrayantes. Sa patience n'était pas moins admirable. Plus d'une fois il fut le jouet de troupes d'enfants, qui lui firent souffrir mille mauvais traitements, le poussant, le frappant, le tirant par la barbe et les cheveux. Benoît, dans ces circonstances, ne laissait pas même échapper une plainte ; il semblait ne rien voir, ne rien sentir, et ne faisait point le moindre mouvement pour repousser ces attaques. Un jour, on lui lança contre la jambe une pierre aiguë qui fit jaillir le sang. Benoît, sans se retourner, sans ralentir le pas, continue tranquillement son chemin. Cette patience a quelque chose d'héroïque; on peut ajouter que la dernière partie de sa vie ne fut qu'une suite continuelle de souffrances ; mais la faim, la soif, la nudité, le froid, le chaud, les intolérables insectes qui le dévoraient, les railleries, les affronts, les mauvais traitements, rien ne put jamais troubler la paix de son âme; sous le poids accablant de tant de croix et de sacrifices, il parut toujours égal, toujours gai et serein, de sorte qu'il pouvait dire avec l'Apôtre : *Je suis rempli de consolation, je surabonde de joie, au milieu des tribulations.* Du reste, il s'occupait si peu des besoins, des nécessités de son corps, qu'il semblait en quelque sorte ne plus vivre sur la terre et ne plus en ressentir les infirmités. Mais ce qu'il y a de plus touchant, c'est que ce pauvre de Jésus-Christ, qui s'était prescrit pour règle, de ne jamais demander l'aumône, et de ne recevoir que ce qu'on lui donnerait volontairement, trouvait encore moyen de soulager d'autres indigents. Plusieurs ont assuré avoir reçu quelques pièces d'argent, au moment où ils se trouvaient dans un extrême besoin, et ils étaient persuadés qu'il avait connu leur dénûment par une lumière surnaturelle.

Le prêtre Rossi conduisait souvent les élèves Maronites en adoration dans les églises, et, lorsqu'il apercevait Benoît, il leur disait : « Regardez bien ce pauvre, vous verrez comment prie un saint. » Et ces jeunes Orientaux ne pouvaient en détacher leurs yeux ; ils ne savaient comment exprimer l'édification qu'il leur procurait. De même, lorsqu'ils le rencontraient, ils s'arrêtaient pour le contempler, et ils auraient voulu imiter son recueillement, sa modestie, sa ferveur.

Environné de cette auréole de vertus, saint Benoît Labre volait dans les sentiers de la perfection; devenu insensible aux affections humaines, l'amour divin absorbait toutes les pensées de son esprit, tous les mouvements de son cœur ; il s'unissait de plus en plus à son Bien-Aimé; il soupirait après le moment où il pourrait le voir face à face et se reposer dans son sein. Le

Seigneur ne tarda pas à lui accorder cette récompense qu'il avait si bien méritée.

CHAPITRE IX.

Le boucher Zaccarelli. — Prédiction de mort prochaine. — Don de bilocation. — La fête du Sacré-Cœur. — Les derniers moments de saint Benoît Labre. — Merveilles qui accompagnent ses obsèques.

Près de l'Eglise de Notre-Dame des Monts demeurait la famille du boucher Zaccarelli, qui avait pris en affection le saint Pauvre, et qui mérita de l'assister dans ses derniers moments. François Zaccarelli était un homme juste et craignant Dieu, remplissant exactement tous ses devoirs de chrétien ; il avait même la dévotion de s'approcher des sacrements tous les samedis, en l'honneur de la Reine du ciel. Il avait souvent remarqué Benoît en oraison, et il avait conçu pour lui une profonde estime ; il n'osait interrompre la prière du saint à l'église ; mais il saisissait toutes les occasions de lui rendre service ; plusieurs fois, il avait réussi à lui faire accepter quelques bayoques, et de mauvais souliers, ainsi qu'un vieux chapeau.

Son fils aîné, Fortuné Zaccarelli, avait une grande confiance dans les prières de Benoît, et il aimait à faire connaître et admirer aux autres celui qu'il appelait *le saint Pauvre*. Cependant étant tombé malade, et retenu au lit par la fièvre depuis plusieurs mois, il désira vivement recevoir la visite de Benoît ; celui-ci ne pouvait refuser cet acte de charité ; il entre donc dans sa chambre, les yeux baissés et les bras croisés sur la poitrine, selon sa coutume ; arrivé près du lit, il exhorte le malade à la patience, répétant plusieurs fois qu' « il faut savoir souffrir. » Fortuné finit par lui recommander de prier pour sa santé. Benoît le lui promet, en se retirant : et le malade ne manqua pas d'attribuer sa prompte guérison à l'intercession de son saint ami,

Pierre-Paul, second fils de Zaccarelli, n'avait pas, dans le principe, grande estime pour le pauvre de Notre-Dame des Monts ; mais deux faits extraordinaires modifièrent bientôt son appréciation : Un jour, il sort de cette église où il avait remarqué Benoît en prières, et se dirige lestement par le plus court chemin vers saint Nicolas Tolentin, où se faisaient les prières des Quarante-Heures. En arrivant, grande est sa stupeur, en y trouvant le saint Pauvre en oraison... Il ne sait comment expliquer ce fait, sinon par un miracle ; du reste d'autres ont constaté que Benoît, par un privilège spécial, avait obtenu de se trouver dans plusieurs endroits à la fois ; les Administrateurs de l'Hospice Évangélique en particulier ont eu des preuves de sa présence à leur hospice, au même moment où on le voyait passer la nuit en Adoration dans une église de Rome, soit pour les Quarante-Heures, soit pour la veille de la Noël.

Une autre fois, Pierre-Paul aperçoit Benoît et se hâte de l'avertir qu'il faut se garer parce qu'il va rencontrer une vache échappée et fort dangereuse ; celui-ci ne paraît pas entendre, et continue sa marche au milieu de la rue ; l'animal furieux arrive sur lui, mais au lieu de se jeter sur le serviteur de Dieu, il semble s'écarter pour laisser passage à notre saint.

Le Seigneur avait favorisé Benoît Labre de dons surnaturels, grâces de choix, qu'il n'accorde ordinairement qu'aux âmes privilégiées. Ainsi il lui fut donné de jouir de fréquentes extases ; un grand nombre de personnes ont assuré qu'elles l'avaient vu, les bras étendus ou croisés sur la poitrine, les yeux fixés au ciel, le corps soulevé de terre et comme suspendu en l'air ; de plus, il était tout rayonnant de gloire ; le visage enflammé, resplendissant d'une vive lumière qui l'enveloppait depuis les pieds jusqu'à la tête. Parfois cet état d'extase se prolongeait longtemps, ravi qu'il était au sein des délices que lui apportaient ses conversations toutes célestes avec son Bien-Aimé.

Il avait aussi le don de pénétrer les secrets des cœurs, et il s'en servait souvent pour l'avantage du prochain.

Il rencontre, un jour, un libertin ; et après lui avoir

fait sentir le triste état de son âme, il l'avertit que, s'il ne change pas de vie, il périra misérablement : « Hâtez-« vous, lui dit-il, de faire une bonne confession, car « la mort vous poursuit. » Le malheureux n'en tint pas compte et mourut, quelques jours après, dans l'impénitence. Notre saint fut plus heureux, une autre fois : il accoste une personne, et lui dit : « Chassez cette pensée, c'est une tentation du démon. » Cet homme tout confus et interdit, renonce au projet qu'il nourrissait, d'abandonner sa femme, et va se réconcilier avec Dieu. M. Marconi raconte qu'il avait l'intention de lui donner certain livre de piété, mais qu'à la réflexion il y avait renoncé, pensant que cet opuscule ne lui serait pas avantageux ; quel fut son étonnement en entendant le saint lui demander le livre en question, et montrer par ses réflexions qu'il savait tout ce qui s'était passé dans l'esprit de son Directeur. — Une personne avait résolu de donner à Benoît une aumône dont elle gratifiait chaque semaine, un autre pauvre, mais elle n'avait communiqué ses intentions à personne. Elle voit passer le Bienheureux et lui offre son aumône ; celui-ci la refuse, en disant : « Je vous remercie, je ne veux pas qu'un autre en soit privé à cause de moi. » Nous pourrions citer un grand nombre de traits semblables.

C'est ainsi qu'il avait prédit à une personne de Fabriano qu'elle aurait à supporter de longues souffrances et qu'elle irait de son lit au ciel. L'abbé Verdelli n'était encore que tonsuré et il craignait de rencontrer beaucoup d'obstacles pour sa promotion aux saints Ordres, tant de la part de ses parents, qu'à cause de son peu de ressources. Il se recommanda aux prières de Benoît ; celui-ci, après un moment de réflexion, lui dit : « *Tout ira bien.* » Et en effet, contre toute attente, il n'éprouva aucune difficulté. Une autre fois, ce même abbé Verdelli, lui ayant annoncé qu'il allait se faire religieux de Saint-François, Benoît lui répondit : *Vous ne le serez pas.* Il éprouva effectivement tant de contradictions de la part de ses parents, qu'il fut obligé de renoncer à son projet.

Mais ce qu'il y a peut-être de plus remarquable, c'est

que le Seigneur avait révélé au Bienheureux l'époque et les circonstances de sa mort. Au dernier voyage qu'il fit à Notre-Dame de Lorette en 1782 une personne lui dit en le quittant : « Adieu, nous nous reverrons l'année prochaine. » — « Je ne le crois pas, reprit Benoît. » — « Comment ! vous ne viendrez pas l'année prochaine, et c'est pour la dernière fois, que nous nous voyons ? » — « Nous nous reverrons, s'il plaît à Dieu, continua le Bienheureux, mais en paradis. » Un religieux de la Sainte Case lui demanda également s'il reviendrait l'année suivante : — Non, mon Père, répondit Benoît. — Et pourquoi ? — Je dois aller à ma patrie. — Vous renoncez donc à venir à Lorette. — Mon Père, je dois aller dans ma patrie ! — Il déclara également à d'autres personnes qu'il faisait son pèlerinage annuel de Lorette, pour la dernière fois.

Quelque temps avant sa mort, on le vit s'arrêter à plusieurs reprises à un certain endroit de l'église de Notre-Dame-des-Monts, et considérer attentivement le pavé, en proie à de graves réflexions... On n'y comprenait rien ; mais lorsqu'on vit que c'était l'endroit même où son corps fut inhumé, on ne douta plus qu'il n'eût été favorisé d'une lumière surnaturelle.

Un jour aussi, il va trouver l'abbé Marconi ; il était comme tout éperdu et dans une agitation violente : « Mon Père, lui dit-il, j'ai cru que j'étais mort et qu'on « m'enterrait à Notre-Dame des Monts, du côté de l'É- « pitre ; il y avait autour de mon corps une foule de « monde qui faisait grand bruit ; Jésus-Christ m'a dit : « Je te cède ma place. Hélas ! on ôtait le Saint-Sacre- « ment ; on cessait les prières des Quarante-Heures, et, « au lieu d'adorer notre divin Maître dans le sacrement « de son amour, une multitude de gens de toute espèce « ne s'occupaient qu'à donner des marques d'honneur « à un pécheur comme moi. » En parlant ainsi, il avait le cœur plongé dans le plus vive douleur, ce qui se comprend facilement, si l'on considère d'un côté son humilité et son profond mépris pour lui-même, de l'autre son ardent amour pour Jésus. Cette prédiction s'accomplit en tous points et en quelque sorte à la lettre ;

le concours immense du peuple autour de son tombeau, les marques de la dévotion la plus exaltée, et le Saint-Sacrement retiré de l'autel pour être renfermé dans la sacristie ; enfin les prières des Quarante-Heures qui devaient se faire à Notre-Dame des Monts, transférées, par force majeure, dans une autre église.

Cependant les forces ne répondaient plus à la ferveur toujours croissante de Benoît ; depuis quelques mois surtout, on le voyait s'affaiblir graduellement.

A l'église de Saint-Théodore, on célébrait une fête en l'honneur du Sacré-Cœur. Le saint pauvre unissait ses adorations et ses louanges à celles des pieux confrères réunis pour payer un tribut d'amour à ce divin Cœur, qui a tant aimé les hommes. Le Bienheureux était là, à genoux, depuis de longues heures, plongé dans une douce contemplation, témoignant au Sauveur sa tendresse et sa reconnaissance ; lorsque tout à coup on le voit tomber presqu'inanimé sur le pavé ; on s'empresse de le secourir, on relève ce corps débile et décharné, on veut lui faire prendre quelque chose ; mais Benoît, revenu à lui-même, remercie de ces bons soins, se rapproche de la balustrade contre laquelle il s'appuie, et continue ses oraisons jusqu'à la fin de la cérémonie.

Le mercredi-saint, 1783, après être resté longtemps en prière à Notre-Dame des Monts, son église de prédilection, il se sentit défaillir, il voulut sortir, espérant que le grand air le ranimerait, mais il tomba sans connaissance sur les marches de l'église. On accourt aussitôt à son secours ; revenu un peu à lui, d'une voix mourante, il demande un verre d'eau. On se hâte de le lui porter, il le prend et l'offre à Dieu, en levant les yeux au ciel. Après l'avoir bu, il soulève ses paupières languissantes et remercie affectueusement son bienfaiteur, comme si on lui avait rendu le plus grand service. Cependant, à la vue de son extrême faiblesse, on lui propose de le transporter à l'hôpital, plusieurs personnes offrent même de le conduire chez elles, mais Benoît, tout en se montrant sensible à leurs offres, ne croit pas devoir accepter. Sur ces entrefaites, arrive le boucher Zaccarelli, l'ami du serviteur de Dieu, dont la maison était peu éloignée. Touché de voir Benoît dans cet état, il s'approche et lui dit : « Vous n'êtes pas bien, il faut avoir soin de soi ; voulez-vous venir à la maison ? » Benoît réfléchit un instant : « A votre maison, oui, je le veux bien. » Le malade prend le bras de son ami, et, comme cela ne suffit pas, plusieurs personnes viennent en aide, et l'on parvient à le transporter chez Zaccarelli, qui le fait mettre tout habillé sur un lit.

On crut d'abord que ce n'était qu'une extrême faiblesse ; on lui donna un peu de nourriture, mais l'estomac ne put la supporter, la défaillance augmenta sensiblement ; on essaya de lui faire prendre quelques gouttes de vin, mais il lui fut impossible de l'avaler. Un prêtre qui se trouvait là fortuitement, reconnaissant la gravité du mal, demande au malade s'il y avait longtemps qu'il ne s'était approché des sacrements ? Benoît répond qu'il avait eu ce bonheur depuis peu. Il s'était, en effet, confessé cinq jours auparavant ; il avait communié le même jour, et encore le dimanche des Rameaux. Il paraît même probable qu'il avait reçu son Dieu, le matin du jour de sa mort. Le prêtre lui ayant fait quelques questions sur l'état de sa conscience, il répondit qu'il n'y avait rien qui lui fît de la peine, et qu'il était tranquille. Ce furent ses dernières paroles ; la respiration devint de plus en plus embarrassée, il perdit connaissance ; on ne put lui faire recevoir le saint Viatique, mais on lui administra le sacrement de l'Extrême-Onction.

Les Pères de la Congrégation de Jésus de Nazareth, pleins de zèle et de charité pour les mourants, se rendirent auprès de Benoît, dès qu'ils furent informés de son état, et l'assistèrent jusqu'au dernier moment. Plusieurs autres personnes entouraient le lit du malade, pendant qu'on récitait les litanies de la Sainte-Vierge ; à ces paroles : *Sainte Marie, priez pour lui*, sans convulsion, sans aucun symptôme d'agonie, avec toutes les apparences de la plus douce tranquillité, ce grand serviteur de la Mère de Dieu s'envola dans le sein de son Créateur, le mercredi saint, 16 avril de l'année 1783, à l'âge de 35 ans.

Aussitôt que Benoît eut rendu le dernier soupir, le Seigneur manifesta d'une manière tout à fait extraordinaire la mort précieuse de ce nouvel Alexis; Dieu, qui sait tirer sa gloire de la bouche des enfants, inspira à un grand nombre d'entr'eux de parcourir les principales rues de Rome, en criant : « *Le saint est mort, le saint est mort.* » Aux cris des enfants se joignent bientôt les voix du peuple et de toutes les classes de la société ; à peine le bruit s'est-il répandu que Benoît n'existait plus, que de toutes parts on se met en mouvement Rome toute entière s'ébranle ; dans les places, les rues, les maisons, on ne cesse de répéter qu'il est mort un saint. Le peuple se rassemble en foule devant la maison de Zaccarelli; on demande à voir le corps du saint pauvre, on entre de force. Pour empêcher le désordre, il faut faire venir un détachement de soldats corses qui suffisent à peine à contenir la multitude, jusqu'au moment où l'on transporte le corps à Notre-Dame des Monts. Ce ne fut pas sans une disposition particulière de la Providence sans doute qu'on résolut d'inhumer le serviteur de Dieu dans cette Eglise qu'il avait si longtemps fréquentée et à l'endroit même où il avait coutume de prier.

Zaccarelli voulut que le convoi de son ami fût magnifique et, par une générosité peu commune, il en fit les frais, malgré la médiocrité de sa fortune. Cependant le concours du peuple augmentait à chaque instant ; pour maintenir le bon ordre, on fut obligé de doubler la garde militaire, qui fit cortège au corps, et rendit la pompe funèbre encore plus imposante. Ce qu'on ne saurait décrire, c'est ce que cette cérémonie présenta d'édifiant, de touchant. Les uns versaient des larmes de tendresse et de regret, les autres publiaient à haute voix les louanges de Benoît, tous enviaient son heureux sort; ce spectacle fit tant d'impression sur plusieurs pécheurs qu'ils se convertirent, et après avoir obtenu le pardon de leurs longs désordres, commencèrent une nouvelle vie de pénitence et de ferveur.

Cependant à raison des Offices de la Semaine-Sainte, on ne put exposer le corps dans l'église même, on le transporta provisoirement dans un oratoire attenant à la sacristie. C'est là que pendant quatre jours la foule ne cessa de venir vénérer le corps du saint pauvre; les personnes de tout âge, de tout sexe, de toute condition s'y rendaient à l'envi, on y accourait de toutes parts; des prélats et des seigneurs du premier rang ne craignaient pas d'attendre des heures entières que leur tour fût venu pour pénétrer auprès de ces humbles restes; les uns se prosternaient à ses pieds, d'autres faisaient toucher leurs chapelets au corps du saint pauvre; ceux-ci lui baisaient les mains, ceux-là l'invoquaient avec ferveur; tous étaient dans l'admiration, en voyant ses pieds, ses mains, ses chairs conserver leur flexibilité et n'exhaler aucune odeur; il y eut même plusieurs guérisons obtenues par le simple contact avec ce corps que le Seigneur voulait glorifier.

Le dimanche de Pâques, jour fixé pour l'inhumation, on fit la reconnaissance de l'identité devant un grand nombre de témoins, puis on dressa un acte authentique ou mémoire de la vie de cet illustre serviteur de Dieu; avant de le renfermer dans le cercueil, on voulut lui ôter ses vêtements pour le revêtir d'une tunique blanche; mais tandis que, pour y procéder avec plus de facilité, on mettait le corps inanimé sur son séant, il s'élève une clameur de stupéfaction, on crie *au miracle!* La main du cadavre avait saisi le banc sur lequel il était appuyé et s'y tenait vigoureusement; on cherche à détacher la main, puis on renouvelle l'épreuve, et la main soutient de nouveau le poids du corps, par un effort nerveux. Beaucoup de personnes furent frappées de ce prodige; du reste, on était témoin d'un autre miracle: depuis cinq jours que durait l'exposition, la souplesse de ses membres était restée entière; et il ne s'exhalait aucune mauvaise odeur. Enfin, ces restes précieux furent renfermés dans un double cercueil, transportés dans l'intérieur de l'église de Notre-Dame des Monts et déposés près du grand autel, du côté de l'épître.

On pouvait penser, qu'après l'inhumation, le concours et l'empressement du peuple se ralentiraient un peu. Il n'en fut pas ainsi; à défaut de la satisfaction de l'avoir sous les yeux, on voulut se procurer la consolation de prier sur son tombeau ; cet homme si obscur, si inconnu pendant sa vie, jette après sa mort un éclat subit et merveilleux ; lorsqu'ils ne sont plus, les serviteurs des rois, les grands de la terre sont bientôt oubliés, on ne parle même plus d'eux ; il en est bien autrement pour les vénérables serviteurs de Dieu ; c'est après la mort qu'ils sont, à l'exemple de leur Maître, véritablement honorés ; *il avait fallu que le Christ souffrît et entrât ainsi dans sa gloire*, de même Benoît-Joseph Labre, après avoir vécu dans la pénitence et l'humiliation, fut tout d'un coup revêtu et comme enveloppé d'une auréole glorieuse.

On continue d'accourir de toutes parts à Notre-Dame des Monts ; les hommages, les prières, les supplications ne restent point sans récompense ; on entend continuellement éclater ces cris confus : *Je suis guéri... ô miracle... Vive le saint Pauvre... ô prodige... ô miracle...* Plus on reçoit de grâces et de faveurs, plus la reconnaissance se manifeste et plus le concours s'étend et s'accroît. L'église n'est plus assez vaste pour contenir les pieux visiteurs, on multiplie inutilement les soldats destinés à maintenir le bon ordre ; la foule grossit de plus en plus, on se voit obligé de suspendre les offices, et même de retirer de l'église le Saint-Sacrement. Malgré toutes ces précautions et les dispositions les plus sages, on en fut réduit à fermer l'église pendant deux jours, pour éviter les désordres qu'amenait nécessairement ce concours immense presqu'incroyable. On fit autour du tombeau une enceinte protégée par une balustrade ; on y plaça en outre un détachement de gardes corses. L'ardeur et la dévotion du peuple se montrèrent dès lors plus calmes et plus religieuses. La nouvelle de la mort du saint Pauvre et la renommée des merveilles que Dieu opérait par son intercession se répandirent rapidement, la confiance en son appui s'accrut avec les grâces obtenues par son entremise, et l'on vit accourir à son tombeau des foules de pèlerins, non seulement des contrées voisines, mais encore des pays les plus éloignés ; les uns pour implorer l'intercession du grand serviteur de Jésus-Christ, les autres pour le remercier de leur avoir accordé la guérison de leurs maladies ou d'autres faveurs spirituelles et temporelles. Depuis ce temps, le concours n'a pas diminué ; chaque jour y amène de nombreux suppliants ; la puissance et la gloire du Bienheureux Benoît-Joseph Labre sont aujourd'hui connues et vénérées dans tout l'univers.

CHAPITRE X.

Glorification du saint pauvre après sa mort. — Nombreux miracles. — Solennité de la béatification. — Les fêtes d'Arras. — Décret de la canonisation.

Autant la vie de Benoît-Joseph-Labre avait été obscure et cachée, autant le Seigneur prit soin d'exalter son serviteur après sa mort. Une religieuse d'une éminente vertu reçut de Dieu une révélation à ce sujet : elle voyait un charmant jardin, dans lequel Jésus cueillait une belle fleur, et il lui fut dit que ce jardin était l'Hospice évangélique des pauvres, et qu'un d'entre eux allait être reçu dans les tabernacles éternels. Elle en écrivit à M. Mancini, administrateur de l'hospice ; peu de jours après, le Bienheureux quittait cette terre d'exil, et personne ne douta que cette prédiction ne dût s'appliquer au Bienheureux Benoît Labre.

Un fait non moins remarquable se passait à Lorette : c'était à peu près l'époque du pèlerinage annuel de Benoît à Notre-Dame de Lorette. Les époux Sori chez lesquels il avait coutume de loger, s'entretenaient souvent de sa prochaine visite ; et, à chaque fois, leur petit enfant, nommé Joseph, âgé seulement de cinq ans, répétait ces mots : *Benoît ne viendra pas, Benoît se meurt.* Si on le questionnait sur la manière dont il le savait, il répondait simplement : *Le cœur me le dit.* Le Jeudi-Saint, la femme Sori voulait préparer la chambre de

Benoît, mais Joseph s'y opposait : *Je vous ai déjà dit que Benoît ne viendra pas, il est allé en Paradis.*

Nous avons déjà reconnu que Benoît pendant sa vie inspirait à tous ceux, qui le voyaient, un profond respect, et qu'on le regardait généralement comme un saint. Cette conviction universelle se manifesta surtout au moment de sa mort par ces cris répétés : *Le Saint est mort! le Saint est mort! le Pauvre des quarante heures, le saint Pauvre n'est plus, il est mort un saint!* C'est que, sous ses misérables haillons, on découvrait une âme d'élite, un grand serviteur de Dieu. Pendant sa vie, plusieurs personnes, après l'avoir quelque temps observé, assuraient qu'il serait, un jour, honoré sur les autels. De pieuses femmes, à son insu, coupèrent adroitement de petits morceaux de ses vêtements « pour avoir, disaient-elles, des reliques d'un saint. » D'autres conservaient précieusement les chaises sur lesquelles il s'était assis, ou les ustensiles dont il s'était servi, en prenant quelque nourriture, comme on le fit au couvent de Monte-Lupone, et chez divers habitants de Rome.

Ce serait ici le lieu de raconter les miracles opérés par Saint Labre; mais ils sont tellement notoires et multiples que ce récit ne saurait entrer dans le cadre restreint de cet opuscule. M. Marconi disait déjà dans une de ses lettres, l'année même de la mort de Benoît :
« Il est impossible de raconter tous les miracles opérés
« depuis son heureux trépas..... la vue est rendue aux
« aveugles, l'ouïe aux sourds, la parole aux muets ; les
« maladies les plus invétérées sont parfaitement gué-
« ries... Et ces miracles ont lieu, non-seulement à Ro-
« me, mais encore dans les diverses villes de l'Italie,
« spécialement à Notre-Dame de Lorette ; ils se multi-
« plient tous les jours en France, en Espagne, en Suisse,
« en Allemagne et dans presque tous les royaumes de
« l'Europe. » Cependant, pour satisfaire la pieuse curiosité des lecteurs, nous citerons quelques-uns de ceux qui eurent lieu immédiatement après la mort du Bienheureux :

Une femme clouée sur son lit par une paralysie universelle, se fait porter sur le tombeau de Benoît ; à peine avait-elle terminée une courte prière, qu'elle se relève sans aide, et retourne chez elle entièrement guérie. Une personne de 22 ans, muette depuis sa naissance, étant venue prier à Notre-Dame des Monts le grand serviteur de Dieu, reçut instantanément l'usage de la parole. — Un homme, qui souffrait depuis longtemps d'horribles douleurs. se sent inspiré d'avaler un petit morceau de linge qui avait appartenu au Bienheureux, et aussitôt ce mal si invétéré cesse et disparaît pour le reste de sa vie. — Un autre, miné par un chancre affreux qui menaçait de le conduire, avant peu, au tombeau, entend parler des miracles que le saint Pauvre opérait; ils lui inspirent une telle confiance, qu'il se fait transporter sur le tombeau; il prie quelques instants, il se relève, il est guéri. — Une pauvre femme hydropique fut également, et en présence de beaucoup de spectateurs, apportée sur le tombeau ; à peine avait-on commencé à prier pour elle, qu'une eau infecte sortit de ses pieds en abondance; après quoi, elle se trouva parfaitement guérie.

Une dame de la ville d'Arles, paralysée de la moitié du corps, fit une neuvaine au Vénérable Benoît-Joseph Labre, et obtint ainsi sa guérison complète.

Un grand nombre de personnes, en appliquant sur l'endroit malade une image, une médaille ou une relique du Bienheureux, se virent entièrement délivrées de souffrances, d'ulcères ou d'autres infirmités. Un miracle aussi éclatant qu'incontestable eut lieu à Bolène : Une religieuse du Saint-Sacrement, par trois années de souffrances aigues, avait été réduite à un état déplorable ; elle éprouvait souvent ou des convulsions violentes ou des faiblesses prolongées, qui plusieurs fois firent croire qu'elle n'était plus ; depuis quelques mois, le mal avait fait de nouveaux progrès ; l'estomac ne remplissait plus ses fonctions, sa vie n'était qu'une cruelle et longue agonie ; elle inspirait tant de compassion que le médecin disait un jour que, s'il était permis d'abréger, par pitié, les jours d'une personne, ce serait bien le cas. Cependant la religieuse demande et se met sur la poitrine une image de Benoît Labre ; elle commence à l'invoquer avec ferveur et tout à coup : « *Je suis guérie, s'écrie-t-elle, allez chercher mes habits, afin que je me lève.* » Et en effet, elle ne ressent plus aucune douleur, elle fait même quelques pas, mais la faiblesse la fait bientôt chanceler, elle tombe à genoux, elle supplie le Seigneur d'achever son ouvrage. Quelques moments après, elle descendait l'escalier, se prosternait dans la chapelle au milieu des religieuses stupéfiées d'un changement si soudain et si complet. On chante un *Te Deum* d'actions de grâces. Depuis lors cette religieuse ne s'est jamais ressentie de cette cruelle maladie ; elle remplissait tous les devoirs de la règle, aussi bien que celles de ses compagnes qui jouissaient de la meilleure santé.

Nous terminerons par un miracle d'autant plus précieux qu'il montre l'impression profonde que faisait même sur les incrédules la vue de ces prodiges continuels. Un anglais prédicant de Boston se trouvait alors à Rome et ne voulait ajouter aucune foi à ce qu'on lui rapportait des merveilles opérées au tombeau du nouveau saint ; cependant, comme c'était un homme instruit, d'un caractère droit, et cherchant avant tout la vérité, il voulut examiner les documents qui servaient de preuves à quelques uns des principaux miracles; cet examen le convainquit tellement, non seulement de la véracité des faits, mais encore de la vérité de notre sainte religion, qu'il se fit instruire, et quelques mois après, il abjurait solennellement ses erreurs.

Et maintenant ne pouvons-nous pas nous écrier avec Mgr de Pressy, Évêque de Boulogne, de sainte mémoire :
« Gloire et actions de grâces soient à jamais rendues à
« la bonté divine qui, pour opposer ses digues aux tor-
« rents d'iniquité, dont la terre est inondée, et des
« contre-poisons aux venins d'incrédulité dont elle est
« infectée, a fait des signes surnaturels et merveilleux
« dans la capitale du monde chrétien, afin que la vive
« sensation qu'ils y ont produite se répandît plus aisé-
« ment de toutes parts jusqu'aux régions les plus loin-
« taines, et servît davantage à la confusion de l'impié-
« té, à l'affermissement de la foi, à l'encouragement de
« la ferveur. »

« Saint du ciel, pouvons-nous dire encore avec saint
« Liguori, saint du ciel, vous avez donc eu la véritable
« sagesse ! Ici-bas, par amour pour Dieu, qui possé-
« dait toutes vos affections, vous avez su mortifier votre
« corps ; aussi maintenant, vos ossements, restes pré-
« cieux de votre dépouille mortelle, sont exposés à la
« vénération publique, et la foule se réunit avec em-
« pressement autour de votre tombeau. »

Aussi le postulateur de la cause de béatification du vénérable Benoît-Joseph Labre s'écriait-il dans son enthousiasme : « J'en appelle à la ville et à l'univers entier ; et vous-mêmes, juges les plus éclairés de tous, je vous prends à témoin de cet événement prodigieux et marqué d'un sceau divin, qui frappa vos yeux, je veux dire l'explosion de cette renommée universelle de sainteté, avec laquelle un homme vil, pauvre et abject, après avoir passé cette vie mortelle dans le plus grand dénûment de toutes choses, dans la plus rigide austérité, dans les privations de toutes espèces, le 16 avril de l'année 1783, prit heureusement son vol, pour aller jouir de la récompense promise aux humbles, suivant ces paroles des Proverbes : *La gloire a été précédée de l'humiliation*. Car, incontinent après sa mort, le Très-Haut fit retentir sa voix qui fut entendue par toute la terre, et illustra la mort de Benoît-Joseph, en en signalant la sainteté par les preuves les plus incontestables... Voyez-vous ce vaste océan de prodiges? je ne crains pas d'assurer que, si la Providence de Dieu a été admirable en conduisant, comme par la main, le vénérable Benoît-Joseph pendant sa vie ; si sa sagesse brille d'un grand éclat par les moyens employés pour le sanctifier, sa toute puissance est encore plus admirable, et reluit davantage dans les merveilles opérées pour le glorifier. Il nous suffit de prêter l'oreille à la multitude des témoins qui les proclament, de consulter les motifs qui attirent vers le saint pauvre la dévotion de tous les peuples, de jeter les yeux sur la quantité d'ex-voto, d'oblations, de tableaux présentés en reconnaissance des grâces obtenues. Il n'y aurait pas de fin, si nous entreprenions de dresser la liste complète des différentes nations qui ont participé aux faveurs dispensées par le serviteur de Dieu ; mais la France devait être et a été sous ce rapport la plus favorisée par le fils qui est sorti de son sein... »

Plus de deux cents miracles ont été constatés juridiquement ; d'innombrables suppliques ont été envoyées au Souverain Pontife pour demander la béatification ; mais Rome agit toujours avec une sage lenteur ; elle exigea des enquêtes dans tous les lieux qu'avait habités Benoît Labre, la procédure dura soixante ans. Sa Sainteté Grégoire XVI déclara que le vénérable Benoît-Joseph Labre avait pratiqué la vertu dans un degré héroïque ; et le grand pape Pie IX lui décerna les honneurs de la béatification.

Ce fut le 20 mai 1860 qu'eut lieu dans la Ville éternelle cette incomparable solennité. Jamais on ne vit tant de magnificence; mais il est vrai qu'à Rome, après saint Philippe de Néri et saint Louis de Gonzague, il n'y a pas de saint plus populaire que Benoît Labre.

C'est dans la basilique de Saint-Pierre que se fit la cérémonie. Quel spectacle que ces quatre mille cierges dessinant dans l'ombre, au milieu des plus somptueux ornements, de longs rubans de lumières et de vastes guirlandes de feu ! Puis, quand après la lecture du bref pontifical proclamant la béatification, le moment fut venu d'abaisser le voile qui recouvrait l'image du Bienheureux, et qu'au chant du *Te Deum*, au son de toutes les cloches, aux détonations majestueuses du fort Saint-Ange, ce pauvre de Jésus-Christ, couvert de ses haillons bénis, apparut bien haut dans une gloire flamboyante, alors cette immense multitude tomba soudain prosternée devant *celui que le Roi du ciel voulait glorifier*, et des larmes d'émotion s'échappaient de tous les yeux, en voyant si bien réalisée la promesse du divin Maître : *Celui qui s'abaisse, sera exalté.*

Cependant Monseigneur Parisis, l'illustre Evêque d'Arras, Boulogne et Saint-Omer, avait résolu de fêter, à son tour, d'une manière splendide la béatification du *saint Pauvre*, à qui son diocèse a eu la gloire de donner le jour. Un *Triduum* solennel fut annoncé pour le

15 juillet 1860, dans la cathédrale d'Arras. Vingt-trois archevêques et évêques de France et de Belgique répondirent à son appel et vinrent rehausser par leur présence l'éclat de la cérémonie. A leur tête, on remarquait leurs éminences le cardinal Mathieu, archevêque de Besançon ; le cardinal Régnier, archevêque de Cambrai et le cardinal de Bonnechose, archevêque de Rouen. Ce fut Mgr Pie, évêque de Poitiers, qui fit le Panégyrique du Bienheureux.

La cathédrale d'Arras avait été richement décorée ; la relique insigne (le crâne du Bienheureux Benoît Labre) que Mgr Parisis avait obtenue de Rome, était placée au-dessus du Maître-Autel, sur un trône étincelant d'or, de lumières et de fleurs.

Le dimanche vit se dérouler, dans les rues de la capitale de l'Artois, une magnifique procession en l'honneur de Benoît-Joseph Labre ; sa statue était portée sur un char, monument grandiose, où le Bienheureux apparaissait au sein d'un nuage, au milieu des anges, et couronné par la Vierge Immaculée.

Les habitants d'Arras avaient rivalisé de zèle et de piété pour la décoration de leurs maisons sur tout le parcours de la procession : « Tantôt de longues draperies serpentant sur la façade des demeures et les réunissant comme une seule habitation de frères, tantôt de gracieuses guirlandes se jouant au-dessus des têtes et reliant les deux côtés des rues ; ici c'étaient des dômes transparents et presque vaporeux qu'un souffle léger balançait mollement ; là c'étaient des tentures princières et des voûtes majestueuses de pourpre et d'or. Partout, depuis le pavé jonché de verdure jusqu'aux plus hautes fenêtres pavoisées au chiffre du Bienheureux, la ville avait revêtu un grand air de fête que nul ne pouvait méconnaître. » Nous renonçons à décrire cet imposant cortège de plus de trois mille personnes, divisées en groupes nombreux aux costumes pittoresques et variés. Elles portent ou accompagnent de magnifiques reliquaires, des châsses précieuses, des bannières ou des statues de nos Saints les plus illustres et les plus vénérés. Nous y voyons aussi les membres des corporations et des corps d'état sous l'égide de leurs Patrons divers. Mais le plus beau complément de toutes ces magnificences était assurément la foi et la multitude des fidèles, encombrant toutes les rues, acclamant le Bienheureux et implorant sa protection avec une confiance et une dévotion touchantes.

Cette piété envers le Bienheureux Benoît Joseph Labre, loin de diminuer, ne fait que s'accroître de jour en jour. Non-seulement à Rome et à Lorette, mais à Arras et à Amettes, berceau de son enfance, et dans tous les endroits où on lui a élevé une statue, partout où l'on vénère ses reliques, on vient en foule se prosterner à ses pieds; et des grâces innombrables attestent son pouvoir auprès de Dieu, et sa charité compatissante pour ceux qui l'invoquent.

Aussi le Souverain Pontife Pie IX, voulant étendre son culte encore davantage, après une nouvelle enquête de la Congrégation des Rites sacrés, a-t-il déclaré *qu'on pouvait procéder sûrement à la canonisation du Bienheureux Benoît-Joseph Labre.*

Nous ne pouvons faire un plus bel éloge du serviteur de Dieu, que de répéter les paroles du Saint-Père : « Celui qui, pendant qu'il vivait au milieu des hommes, « était pauvre, humble et méprisable, le B. Benoît-« Joseph Labre, élevé après sa mort au plus haut des « cieux, revêtu des splendeurs des saints et couvert « d'une couronne incorruptible de gloire, a été placé « par le souverain Juge des mérites, sur un siège d'im-« mortalité. Mais pour qu'il fût exalté d'autant plus « sur la terre qu'il s'était humilié plus bas, le Roi tout-« puissant l'a illustré du pouvoir des miracles, faisant « connaître ainsi, que ce bienheureux personnage, « qu'il a voulu honorer devant ses anges, devait être « également honoré devant les hommes. »

Par ce décret de canonisation, rendu le 9 février 1873, l'Eglise a décidé que nous pouvions donner le nom de Saint à celui que nous invoquions jusqu'ici sous le titre de Bienheureux. Il est vrai que les temps difficiles dans lesquels nous vivons, et la triste situation faite à la ville de Rome, ont empêché jusqu'à ce jour les grandes solennités de la canonisation, qui doivent avoir lieu dans la basilique du Vatican et qui étendront à l'Église universelle le culte public de saint Benoît-Joseph Labre; mais déjà sa fête se célèbre, non-seulement à Rome et dans le diocèse d'Arras, mais encore dans un grand nombre de diocèses de France et d'Italie. Nous aussi, demandons à ce grand saint la prospérité de l'Église et de la France. Invoquons-le avec confiance, dans nos peines et nos épreuves, et il nous obtiendra la paix et la consolation ; dans nos faiblesses et nos difficultés, et il nous accordera la force et le courage pour vaincre nos passions et imiter ses vertus.

NEUVAINE

A SAINT BENOIT-JOSEPH LABRE

Un grand nombre des guérisons miraculeuses et des grâces signalées, qui ont été accordées jusqu'ici par l'intercession du Bienheureux Benoît-Joseph, ont été obtenues à la suite de neuvaines ferventes, quelquefois même plusieurs fois répétées. C'est donc un moyen favorable pour nous attirer la bienveillance de ce puissant protecteur.

On pourrait pendant la neuvaine réciter cinq *Pater* et cinq *Ave* en l'honneur des cinq Plaies de Notre-Seigneur, ou bien les Litanies de saint Labre, ou simplement un *Pater*, un *Ave* et un *Gloria Patri*.

Il serait bon aussi de se proposer d'honorer, chaque jour, une des vertus du Bienheureux, et de chercher à l'imiter, au moins autant que notre faiblesse nous le permettra. C'est dans ce but que nous proposons les réflexions suivantes.

PREMIER JOUR DE LA NEUVAINE.
La vie de la Foi.

L'Esprit-Saint nous déclare que, sans la foi, il est impossible de plaire à Dieu. La foi, selon saint Ambroise, est la racine de toutes les vertus, et saint Augustin l'appelle le fondement de tous les biens et le principe du salut. La foi est donc la première vertu que nous devons admirer dans saint Benoît-Joseph Labre. C'est la foi qui le portait, dès son enfance, à fuir les vains amusements, à s'entretenir avec son Dieu dans la solitude, à exercer une vigilance continuelle sur ses sens, à se distinguer par une modestie, une piété extraordinaires.

La foi lui inspirait une sainte horreur pour les hérétiques ; il ne craignait pas de se condamner à des voyages longs et pénibles, pour éviter de passer dans les pays infestés d'hérésie. Il adressait à Dieu de ferventes prières pour leur conversion, et le remerciait souvent de l'avoir fait naître au sein de la Religion catholique. Il professait un profond respect pour le Souverain-Pontife qu'il appelait le Vice-Dieu sur la terre.

C'est encore cette foi vive qui animait Benoît-Joseph dans son zèle pour la gloire divine et dans son ardeur à faire éviter le péché et respecter les Commandements de Dieu et de l'Eglise.

C'est elle qui le maintenait des heures entières en contemplation devant le Saint-Sacrement, de telle sorte qu'il semblait voir de ses yeux l'Invisible même, et tout en étant sur la terre, vivre déjà d'une vie céleste.

C'est sa foi vive qui le faisait marcher sans cesse en la présence de Dieu, dans un admirable recueillement, les yeux baissés, prêchant ainsi à tous le respect pour Celui qui remplit tout l'univers de son immensité, et qui voit tout, jusqu'à nos plus secrètes pensées.

Enfin sa foi nous apparaît dans tout son éclat, lorsque nous considérons les vertus héroïques qu'elle n'a cessé de lui inspirer pendant le cours de son pèlerinage sur la terre, de telle sorte qu'en lui s'est réalisée parfaitement cette parole de nos saints livres : *Mon juste vit de la foi.* Et cette autre : *Ses œuvres font apprécier sa foi.*

PRIÈRE : *Comblés de vos dons sacrés, nous vous demandons, Seigneur, la grâce d'imiter les vertus du Bienheureux Benoît-Joseph, votre confesseur, dont nous réclamons les mérites, comme un puissant secours, par Notre-Seigneur Jésus-Christ qui vit et règne dans les siècles des siècles. Ainsi soit-il.*

La sœur Angèle et la visiteuse inconnue.

Angèle-Josèphe Marini était née à Saint-Léon en 1771. A neuf ans, elle avait eu occasion de voir le Bienheureux Benoît Labre qui traversait cette ville, et elle lui avait fait la charité d'un pain. Elle était douée d'un caractère vif et enjoué, ce qui ne l'empêcha pas d'entrer chez les Dominicaines, à l'âge de quinze ans; mais l'occupation française fit évacuer son couvent et elle dut revenir dans sa famille. Elle commença alors à sentir les premières atteintes d'une cruelle maladie de la rate, qui mit, plusieurs fois, ses jours en danger. Cependant quand on rétablit les monastères, en 1816, elle s'empressa de rentrer chez les Clarisses de Macérata; elle ne put supporter longtemps l'austérité de la Règle, sans voir son mal s'aggraver d'une manière effrayante. On consulta plusieurs médecins, on fit des neuvaines à Notre-Dame des Sept-Douleurs et à la bienheureuse Véronique; tout fut inutile, et l'on dut lui administrer le saint Viatique et l'Extrême-Onction. Une fièvre brûlante la minait presque continuellement, le dégoût des aliments était tel qu'elle pleurait, lorsqu'il fallait prendre son repas; et les docteurs craignaient, d'un moment à l'autre, une rupture de viscères et un trépas imminent. Sœur Angèle souffrait ainsi depuis vingt-six ans, lorsque, le mardi de la Semaine-Sainte, elle voit entrer dans sa chambre une sœur converse inconnue, qui s'approche de son lit, en disant : « Comment allez-vous ? — Très mal, répond la malade. — *Ayez foi et confiance.* — La foi efficace est rare, car j'ai beaucoup prié et je n'ai rien obtenu. » A ces mots la sœur inconnue lui présente une image qu'elle reconnaît pour le portrait du saint pauvre qu'elle avait assisté dans son enfance; il ne lui était jamais venu en pensée de s'adresser à lui, mais alors elle saisit l'image, et la baisant avec respect, elle s'écrie : « O vénérable serviteur de Dieu, en échange de ce pain que je vous ai donné, de trois grâces, accordez-m'en une, la santé, ou la mort ou la patience ! » Elle répète plusieurs fois cette prière avec une grande ardeur, applique l'image à son mal et sent quelque chose d'extraordinaire qui se passe en elle... Elle s'endort paisiblement ; et, le lendemain matin, en se réveillant, elle se trouve parfaitement guérie. On appelle les médecins qui constatent la disparition complète du mal et déclarent avec émotion qu'ils sont prêts à attester le miracle avec serment... On cherche la messagère inconnue ; mais il n'y en avait pas trace dans le couvent, et jamais on n'y avait vu l'image qu'elle avait apportée à la pauvre malade. La sœur Angèle était si parfaitement guérie, que, trente ans après, à l'âge de soixante-seize ans, elle pouvait encore l'attester elle-même, avec une lucidité, une vigueur d'esprit et une sûreté de mémoire qui faisaient l'admiration de tous.

SENTENCE DE S. BENOÎT-JOSEPH : *J'aurai toujours la crainte de Dieu devant les yeux, et son amour dans le cœur* (1).

SECOND JOUR.

LA CONFIANCE EN DIEU.

De la foi vive découle l'espérance, qui nous fait espérer pour l'avenir les biens que notre foi nous découvre. Saint Benoît-Joseph possédait cette vertu dans un éminent degré, et il pouvait dire comme le Roi-Prophète : *De même que le cerf altéré soupire après les eaux vives, de même mon âme soupire après vous, Seigneur.*

Cette espérance dans le Bienheureux était appuyée sur les deux bases inébranlables : les mérites infinis de Jésus-Christ, et les promesses qu'il nous a faites, au nom de son Père. Pour acquérir ce trésor caché, ce bonheur du ciel, aucun sacrifice ne semblait lui coûter ; il avait foulé aux pieds tous les trésors terrestres et les

(1) On peut se procurer les Litanies de saint Benoît Labre à l'imprimerie du *Pas-de-Calais*, à Arras, au prix de 5 c. l'exemplaire, et 2 fr. 50 le cent, *franco.*

voluptés trompeuses ; il avait embrassé un genre de vie si dur et si pénible, qu'on ne comprend pas comment il a pu y persévérer pendant de longues années, sans éprouver aucun découragement, aucune faiblesse, aucune hésitation ; mais il nous révèle le secret de sa force et de son courage, lorsqu'il dit « qu'il avait mis en Dieu toute sa confiance, qui lui donnerait les secours nécessaires pour écraser la tête du démon et parvenir au Paradis. »

De même qu'il soupirait après la béatitude céleste, il prenait tous les moyens pour se procurer un si grand bien ; il recourait à la miséricorde divine, il méditait souvent sur les fins dernières, il se livrait à des prières ferventes et continuelles.

Benoît-Joseph faisait souvent des oraisons jaculatoires qui montrent sa confiance inébranlable en la bonté divine. Ainsi on l'entendait souvent répéter : « Vous êtes, Seigneur, mon espérance ; en vous j'ai mis mon refuge le plus assuré. Vous êtes *toute* ma portion dans la terre des vivants. Il m'est avantageux de m'attacher à mon Dieu et de mettre en lui *tout* mon espoir. »

Cette confiance en Dieu le portait à s'abandonner en tout à la divine Providence. Pénétré de cette recommandation : « Cherchez avant tout le royaume de Dieu, » Il s'en remettait entièrement à son Père céleste pour tous ses besoins temporels, il ne voulait pas s'occuper du lendemain, ni faire provision de linge ni d'argent ; mais, chaque jour, il disait avec confiance : *Donnez-nous aujourd'hui notre pain quotidien...* et le bon Dieu voulut récompenser cet abandon filial en lui accordant toujours ce qui lui était nécessaire, et en venant même quelquefois à son secours, d'une manière inattendue, en sorte que dans notre saint pauvre s'est parfaitement réalisée cette parole : *Le Seigneur me conduit, et rien ne me manquera.*

PRIÈRE : *Nous vous supplions, Seigneur, par l'intercession du Bienheureux Benoît-Joseph, votre confesseur, de nous accorder la grâce de mépriser les choses qui passent, et de tendre sans cesse vers les biens éternels, nous vous en prions par Jésus-Christ Notre-Seigneur. Ainsi soit-il.*

Le marin Joseph Bonnemain et son ami le bancroche.

En 1778, vivait à Civita-Vecchia, un brave marin, estimé de tous, qui remplissait les fonctions de timonier sur la galère de *Saint-Pierre*. Joseph Bonnemain ne demandait qu'à continuer courageusement son service, lorsqu'il fut attaqué d'un mal violent à l'œil droit, qui lui causa tout d'abord des douleurs aiguës et qui amena bientôt la perte de la vue. Les souffrances qu'il éprouvait étaient si atroces qu'il eut plusieurs fois la tentation de se jeter à la mer. Cependant les médecins ne tardèrent pas à déclarer que le mal était incurable, et le timonier fut mis à la retraite par l'administration maritime. Notre brave marin en était au désespoir, il ne pouvait se résigner à sa triste position. Mais voilà qu'il entend parler des guérisons extraordinaires, qui avaient lieu au tombeau d'un pauvre pèlerin Français, mort à Rome en odeur de sainteté. Sa résolution fut bientôt prise, et il part pour Rome, à pied, l'œil fortement bandé, conduit par son petit garçon de dix ans. En route, il rencontre un de ses anciens camarades, qu'il avait connu estropié, impotent, bancroche, incapable de marcher; il l'entend raconter sa guérison obtenue au tombeau de Benoît Labre, et exalter son libérateur, qui lui permet de retourner maintenant, d'un pas léger et rapide, à Civita-Vecchia. Cette vue excite encore la confiance de notre marin; il poursuit sa route avec courage, malgré d'horribles souffrances, et il arrive au bout de deux jours à Notre-Dame des Ments; mais l'Eglise est fermée, une multitude de personnes sont en prières sous le péristyle; il se joint à elles, suppliant le saint Pauvre d'avoir pitié de lui; enfin il réussit à pénétrer dans l'église, il arrive jusqu'au tombeau, il se prosterne sur les planches qui le recouvrent; et on l'entend s'écrier avec larmes: « Vous vous appelez Joseph, et moi aussi; par amour pour vous et en votre honneur, j'ai marché 47 milles. Je veux ma grâce, autrement je ne bouge pas..... Au moins, donnez-moi quelque signe, qui me fasse espérer ma guérison... » Il resta plus d'une heure, agenouillé sur le tombeau, continuant ses supplications avec ferveur. Tout à coup il entend le peuple s'écrier : « Debout, marin, debout, tu as ta grâce ! » Et son petit garçon, de lui dire aussi : « Vois donc, papa, que ton bandeau est tombé ! — C'est toi qui l'as détaché, reprend Joseph avec mécontentement. — Mais non, papa, il s'est défait tout seul. » Et le peuple de crier encore : « Lève-toi donc, marin, tu as obtenu ta grâce ! » Notre brave marin se lève enfin, regarde autour de lui, et s'aperçoit avec stupeur qu'il a recouvré la vue. Le bandeau s'était détaché de lui-même ; la tumeur et la fistule avaient disparu. Il tombe de nouveau à genoux, en s'écriant : « Ah ! Seigneur, je vous remercie ainsi que votre Joseph. » Et tout joyeux, il reprend aussitôt la route de Civita-Vecchia, chantant les louanges de Dieu, et publiant partout la puissance de son serviteur.

ORAISON JACULATOIRE DU SAINT : *J'ai mis en vous, Seigneur, toute mon espérance, et je ne serai pas confondu.*

TROISIÈME JOUR.

L'AMOUR DE DIEU.

L'apôtre saint Paul nous enseigne qu'il y a dans cette vie trois vertus principales nécessaires pour le salut, la foi, l'espérance et la charité ; mais que la charité est la plus excellente des trois. Le docteur angélique nous dit également que la charité est la source de toutes les autres vertus, parce qu'elle inspire leurs actes et les dirige vers leur fin surnaturelle. Aussi l'amour divin devait-il être possédé dans un éminent degré par saint Benoît-Joseph Labre ; nous en voyons la preuve dans son innocence qui le rendit exempt de la moindre faute volontaire, comme ses directeurs l'ont déclaré unanimement ; et dans ses efforts constants à tendre sans cesse vers Dieu comme à son souverain bien et à son tout bien-aimé, à la gloire et à l'honneur de qui il dirigeait toutes ses pensées, ses paroles et ses œuvres.

Le feu de l'amour divin, dont était consumé le cœur

de notre Bienheureux, se manifestait encore par la pratique continuelle de l'oraison qui le ravissait en Dieu ; car saint Jean-Chrysostôme nous dit que l'oraison nous enflamme d'amour pour le Seigneur ; et saint Grégoire ajoute que celui qui aime Dieu ne désire que lui seul. Aussi voyait-on Benoît-Joseph, même en compagnie, les yeux baissés et tout l'extérieur admirablement recueilli, marcher sans cesse en la présence de Dieu et s'entretenir constamment avec son Bien-Aimé. D'après saint Thomas, le meilleur moyen d'acquérir la charité parfaite est d'embrasser la pauvreté volontaire, selon cette parole de nos saints Livres : « Si vous voulez être parfait, allez, vendez ce que vous avez, donnez-le aux pauvres, et vous aurez un trésor dans le ciel ; et puis venez, et suivez-moi. » Quelle fut donc la charité qui embrasait notre juste, puisque non seulement il avait renoncé à tous les biens de la terre, mais qu'il pratiquait la pauvreté dans un degré inconnu jusqu'alors, à tel point qu'il semblait ne plus sentir les nécessités du corps, et vivre déjà de la vie des heureux habitants du ciel.

Le Sauveur nous dit que celui, qui l'aime véritablement, garde tous ses commandements ; d'où nous pouvons conclure quelle était l'intensité de l'amour du Bienheureux pour son Dieu, puisqu'il s'efforçait de le servir avec le plus de perfection possible. Et de même que saint Paul s'écriait : « Qui nous séparera de l'amour de Jésus-Christ ? Sera-ce la tribulation, ou les angoisses, ou la nudité... ? Mais nous souffrons toutes ces choses pour Celui qui nous a tant aimés. Et je suis bien sûr que ni la mort, ni la crainte... ni les adversités ni aucune créature ne pourra nous séparer de la charité de notre Dieu. » De même saint Benoît-Joseph Labre, embrasé du feu sacré, supportait les peines, les souffrances, les fatigues, l'indigence, les humiliations, les injures et les mauvais traitements, non seulement avec calme, patience et résignation, mais encore avec une joie admirable à cause de son ardent amour pour son bon Maître.

PRIÈRE : *Seigneur Jésus, qui avez dit : demandez et*

vous recevrez, nous vous supplions, par l'intercession du bienheureux Benoît-Joseph, votre serviteur, de nous accorder un véritable amour pour vous, afin que nous vous aimions de tout notre cœur, que nous vous louions et que nous vous servions fidèlement, et qu'ainsi nous ayons le bonheur de vous posséder pendant l'éternité ; c'est ce que nous vous demandons par Jésus-Christ Notre-Seigneur. Ainsi soit-il.

Sœur Melchiore du Crucifix, du monastère des Bénédictines de Bivone.

Une des apparitions les plus merveilleuses de Benoît-Joseph eut lieu en Sicile, le 6 juillet 1785, au couvent des Bénédictines de la ville de Bivone. On conçoit d'ailleurs que le bienheureux Labre ait voulu favoriser d'une manière particulière ces religieuses dont la vocation spéciale est de rendre gloire, honneur et réparation au Saint-Sacrement de l'autel, au pied duquel il avait, lui-même, passé la plus grande partie de sa vie.

Une très pieuse Bénédictine, nommée sœur Melchiore du Crucifix, était réduite à la dernière extrémité par une complication de diverses et graves maladies : obstruction considérable, douleurs de poitrine, respiration difficile, toux continuelle, vomissements de sang, gonflement des jambes, aphonie complète. Ces souffrances, qui l'accablaient depuis six mois, ne laissaient entrevoir aucun espoir de guérison ; et les médecins, après avoir vu échouer tous les efforts de l'art, proposaient, comme dernière ressource, de transporter la malade chez ses parents... Mais sœur Melchiore avait répondu avec fermeté : « Je préfère perdre la vie dans la maison de Dieu, que de la conserver dans la maison paternelle. » Dans cette triste situation, une autre religieuse qui voyait avec douleur une compagne qu'elle aimait tendrement, sur le point de mourir ; désolée en outre de perdre en elle une excellente choriste qui était le principal soutien du chant, descend à la chapelle et conjure avec une grande ferveur le divin Jésus, de vouloir bien, par les mérites de Benoît-Joseph, rendre la voix et la santé à cette sœur. Sa prière ne tarda pas à être exaucée. La nuit suivante, un peu après minuit, la malade éprouve un léger assoupissement, dans lequel elle voit un pèlerin avec mosette et bourdon, d'un visage si resplendissant, que les rayons du soleil n'auraient pas mieux éclairé l'appartement. Il approche lentement du lit et dit d'un ton plein de bonté : « Melchiore du Crucifix, sais-tu qui je suis? Benoît-Joseph Labre, mort depuis deux ans à Rome. Tu te rappelles que tu t'es fait copier les actes que je récitais tous les jours ; pendant quelque temps tu les a portés sur toi, et ensuite tu les as négligés. Sache que le Dieu Très-Haut m'envoie te rendre la santé, pour prix de l'acte généreux que tu as fait, d'aimer mieux mourir dans sa maison, que guérir dans celle de tes parents. Tu recouvreras aussi la voix pour continuer d'assister au chœur et de chanter les louanges divines. En reconnaissance, tu auras soin de faire célébrer une messe à l'autel de saint Benoît, votre patriarche et mon patron. » Le pèlerin alors, trempa son doigt dans un vase qu'il portait à la main, rempli d'une liqueur balsamique et en oignit la malade au front en forme de croix, en disant : « Au nom du Seigneur Dieu, au nom de la très Sainte Trinité, sois guéri et lève-toi. Ce matin même, tu te joindras aux autres pour l'office divin, pour l'exposition du Saint-Sacrement, et vous chanterez toutes ensemble l'hymne d'action de grâces. » Pendant qu'il parlait ainsi, sœur Melchiore, ravie et hors d'elle-même, considérait avec admiration un écusson qu'elle voyait briller sur la poitrine du pèlerin et qui présentait dans son centre l'emblème de la Sainte Trinité. Elle n'osait faire une question à ce sujet, mais l'envoyé céleste la prévint : « L'empreinte que tu admires sur ma poitrine, m'a été donnée en récompense de la dévotion que j'eus envers la très Sainte Trinité, ainsi que de mon zèle à la faire révérer par les enfants dans les rues de Rome. » A ces mots, il disparaît et laisse sœur Melchiore parfaitement guérie ; elle se lève, s'habille sans aide, et se rend au chœur, en versant des larmes de joie. A sa vue, les autres religieuses sont saisies de frayeur ; leur étonnement augmente, en l'entendant chanter d'une voix sonore. A la sortie de la chapelle, on l'entoure, on veut savoir comment s'est opérée une guérison si incompréhensible. Bientôt toutes les cloches du monastère annoncent ce bienfait du ciel, et on exalte la sainteté du pauvre Benoît qui a changé ses haillons pour des vêtements de gloire et qui est devenu l'un des favoris de la très Sainte Trinité.

ORAISONS JACULATOIRES DU SAINT : *Je vous aime, ô mon aimable Sauveur, par dessus toutes choses. — Je veux vous aimer toute cette journée ainsi qu'à tous les instants de ma vie. — Accordez-moi, o mon Dieu, de vous aimer toujours de plus en plus. — Mon Dieu, je veux vous aimer pour les infidèles et les pécheurs. — O Jésus, mon amour, je vous donne mon cœur.*

QUATRIÈME JOUR.

LA CHARITÉ POUR LE PROCHAIN.

La charité pour le prochain découle comme de sa source de la charité pour Dieu ; et l'amour de Dieu engendre l'amour du prochain, comme nous l'enseigne le Pape saint Grégoire. On distingue les œuvres de miséricorde spirituelle et corporelle ; or, notre Bienheureux les pratiqua dans un degré héroïque et sublime, comme le prouve l'histoire de sa vie.

Quant aux œuvres de charité spirituelle, qui sont plus excellentes et plus parfaites, parce qu'elles tendent directement au salut des âmes, non seulement Benoît-Joseph adressait chaque jour à Dieu de ferventes prières pour la conversion des hérétiques et des pécheurs ; mais encore il saisissait toutes les occasions de porter les autres à la vertu. Tantôt il rappelait la gravité du péché et la nécessité de faire son salut ; tantôt il reprenait avec force ceux qui offensaient le Seigneur ; tantôt il touchait les cœurs, en parlant de la bonté et de la miséricorde de Dieu.

Ce n'était pas seulement par ses paroles, mais encore par son exemple, qu'il prêchait aux autres d'une manière admirable. Sa modestie incomparable, son recueillement continuel, ses prières ferventes et prolongées dans le Lieu-Saint, excitaient, enflammaient tous ceux qui en étaient les heureux témoins, et même produisaient quelquefois des miracles de conversion.

Le saint pauvre, malgré son dénûment extrême, pratiquait aussi les œuvres de charité corporelle; il consolait les affligés; il visitait les malades; il ensevelissait les morts. Il était toujours prêt à rendre tous les services qui dépendaient de lui. Quoiqu'il ne demandât jamais l'aumône, il trouvait moyen de la faire aux autres indigents, et plusieurs ont assuré que le Bienheureux les avait secourus, lorsqu'ils se trouvaient dans une grande nécessité. Il n'avait rien en propre, et il donnait volontiers tout ce qu'il avait, même les aliments qui paraissaient les plus indispensables pour soutenir son pauvre corps.

On le vit même porter cette vertu jusqu'à l'héroïsme, non seulement pardonner à ceux qui le maltraitaient, mais leur témoigner la plus grande bienveillance, leur faire du bien et leur rendre les plus grands services. Aussi n'a-t-on pas hésité, dans le Procès de Béatification, à déclarer que Benoît-Joseph avait pratiqué la charité dans un degré vraiment admirable. Il avait réalisé en lui la perfection des deux grands commandements, l'amour de Dieu et l'amour du prochain.

Prière : *O Dieu, Père des miséricordes, nous vous en prions, par les mérites et l'intercession du Bienheureux Benoît-Joseph, à qui vous avez donné de se distinguer par une admirable charité, accordez-nous la grâce d'exercer, envers tous, les œuvres de bienfaisance et de charité, afin que nous méritions ainsi la couronne céleste, par Jésus-Christ Notre-Seigneur, qui vit et règne dans tous les siècles des siècles. Ainsi soit-il.*

La Médaille de Tolentino et le revenant.

Il y avait à Tolentino une marchande charitable et aisée, nommée Catherine Gentili, qui avait fait plusieurs fois l'aumône à notre Bienheureux. Celui-ci, se rendant à Lorette, l'année avant sa mort, passa par Tolentino, et sans doute pour la remercier de ses charités à son égard, il offrit à Catherine une médaille d'étain. Mais celle-ci, après l'avoir examinée, la lui rendit, en le priant de la donner à un autre. Benoît sourit, en disant : « Et qui sait si je ne repasserai pas par ici ? vous la recevrez alors. » Et il ajouta : « Dans le cas où je mourrais à Rome, retenez mon nom, je m'appelle Joseph Labre. »

Quelques mois après, Catherine entendit parler de la mort du saint pauvre Français, et elle regarda cette dernière parole comme une prédiction. Or, un jour, elle voit arriver à sa porte un pauvre pèlerin qui lui dit qu'il venait de Rome. — « Avez-vous connu Labre, demanda Catherine ? — Oui, je l'ai vu cinq jours avant sa mort. — Avez-vous quelque chose de lui ? — Oui, il me reste encore une médaille, la voulez-vous ? » Et en même temps il présente à la charitable marchande une médaille d'étain, représentant d'un côté la Sainte Vierge donnant le Rosaire à saint Dominique, de l'autre les instruments de la Passion. Catherine croit reconnaître la médaille que lui avait offerte Joseph Labre, l'année précédente, et elle s'empresse d'ajouter : « L'avez-vous reçue des propres mains de Labre ? — Oui, de ses propres mains. — On pourrait donc la porter aux malades, si elle est du Bienheureux. — Vous pouvez bien la leur porter, ils guériront, si c'est pour le salut de leur âme. Mais pensez-vous que tous y aient foi ? — Il en est des uns et des autres. » Catherine voulut alors faire l'aumône au pauvre pèlerin, mais il s'éloigna en disant qu'il n'avait besoin de rien. Quelques moments après, elle regretta de ne pas l'avoir fait entrer ; elle courut le chercher ; mais personne ne l'avait vu... Elle resta convaincue que c'était le Bienheureux lui-même qui était revenu, comme il l'avait annoncé. Elle se hâta de faire enchâsser sa médaille dans un cercle d'argent, voulant la conserver soigneusement ; mais elle ne se doutait pas du trésor précieux qu'elle avait entre les mains, et au moyen duquel elle allait pouvoir guérir une infinité de maladies. En effet, quelques jours après, elle se sent inspirée d'aller consoler une pauvre veuve, retenue sur son lit de douleur depuis neuf ans ; elle lui pose la médaille sur le front, prie avec elle, et bientôt la laisse parfaitement guérie. Puis elle va visiter une petite mendiante, qui avait été écrasée par la foule dans un moment d'encombrement ; elle place la médaille miraculeuse sur sa poitrine en lui recommandant la confiance ; et le soir même la malade se trouve délivrée de toutes ses souffrances. Par le même moyen, elle rend la parole à un jeune homme qui était muet depuis plusieurs années.

Encouragée dans cette œuvre de charité, Catherine se transporte à Camérino chez une dame qui avait de mauvaises plaies aux jambes ; elle applique sa médaille sur les plaies qui se guérissent instantanément.

A Urbisaglia, une paralytique retrouve ses forces et sa vigueur de la même manière. A Macérata, une jeune fille, clouée sur son lit par un rhumatisme aigu, reçoit la médaille, récite trois *Pater, Ave, Gloria ;* et, se lève, seule, parfaitement guérie et tous de crier au miracle et : *Vive Benoît-Joseph !*

A San-Severino, Céleste Marini, femme d'un capitaine, obtient sa guérison avec l'eau dans laquelle on avait trempé la médaille. On pourrait citer plusieurs centaines de faits semblables, qui prouvent que le Bienheureux Benoît-Joseph continue, après sa mort, les actes de charité et de miséricorde, que nous avons admirés pendant sa vie.

SENTENCES DU SAINT : *Quand il s'agit de la charité pour le prochain, il faut tout sacrifier. — La langue est l'instrument de damnation pour beaucoup de personnes. — Les malheureux sont seulement ceux qui sont dans l'enfer et qui ont perdu Dieu pour l'éternité.*

CINQUIÈME JOUR.

LA MORTIFICATION.

L'Esprit-Saint nous enseigne que de la pratique de la mortification dépend notre salut. « Si vous vous mortifiez, vous vivrez ; mais si vous ne mortifiez pas votre chair, votre perte est infaillible. » Notre-Seigneur nous dit aussi qu'il faut se faire violence, renoncer à soi-même, porter sa croix, et le suivre. Et saint Paul nous recommande de crucifier notre chair avec ses convoitises, si nous voulons appartenir à Jésus-Christ.

Benoît-Joseph avait compris cette grande leçon ; et, dès sa plus tendre enfance, nous le voyons marcher sur les traces de Celui qui a voulu naître sur la paille, passer sa vie dans les travaux et mourir sur une croix. Déjà notre jeune saint couchait sur la dure, passait de longues heures à genoux en oraison. Déjà il était tellement mortifié dans sa nourriture et sa manière de vivre, que sa mère était effrayée de ses austérités.

On peut dire que la vie de Benoît-Joseph a été une mortification continuelle, et qu'à chaque moment, il trouvait moyen d'offrir quelque sacrifice à son Dieu. L'abbé de la Trappe de Sept-Fonts ne craint pas d'affirmer que la vie si dure, si austère de ses religieux ne pouvait pas rassasier la soif de pénitence et de mortification qui dévorait le cœur de notre Bienheureux, et que son existence était un holocauste perpétuel.

Qui n'admirerait son calme, sa constance, dans sa vie de pèlerin ! Il s'était condamné à la pauvreté volontaire, il n'avait même pas une pierre pour reposer sa tête ; il ne possédait que quelques misérables haillons, suffisants pour le couvrir modestement, mais qui ne pouvaient le protéger contre l'intempérie des saisons. Il passait une grande partie des nuits en prières et ne s'accordait qu'un court sommeil. Quant à sa nourriture, on sait qu'il se contentait presque toujours d'un peu de pain trempé dans l'eau des fossés ; quelquefois même il n'avait pour se soutenir que des débris de légumes ; et bien souvent, surtout le vendredi et les jours de jeûne, il ne mangeait qu'une fois dans la journée vers le soir, selon l'ancienne coutume de l'Eglise.

Un trait caractéristique de Benoît-Joseph était son extrême modestie ; il avait toujours les yeux baissés ; il ne voyait rien, ne remarquait rien dans ses voyages ; il ne pensait qu'à son Dieu avec lequel il semblait s'entretenir continuellement ; et même dans les églises, il n'arrêtait ses regards que sur les objets qui pouvaient satisfaire sa dévotion. Dans les divers sanctuaires, il ne connaissait guère que deux choses : l'autel du Saint-Sacrement et la statue de la Madone.

Il ne paraît pas avoir usé ordinairement d'instruments de pénitence, comme les ceintures de fer ou les disciplines; mais il avait trouvé le moyen de mortifier son corps d'une manière bien plus pénible et plus continue, et l'on peut dire de lui ce qui a été écrit de S. Thomas de Cantorbéry : « Après qu'il eut subi la mort du martyre, on trouva son cilice tellement plein d'insectes pédiculaires que l'on jugea ce martyre antérieur beaucoup plus insupportable. » Benoît-Joseph aurait pu se débarrasser facilement de ces insectes qui le dévoraient, mais il était heureux d'offrir ce supplice continuel à son Dieu, et l'on ne comprend pas comment il pouvait, au milieu de ces souffrances, rester des heures entières, immobile, comme il le faisait chaque jour.

Le froid, le chaud, la faim, la soif, la nudité, les veilles, les jeûnes multipliés étaient les moyens qu'il employait pour crucifier sa chair avec ses vices et ses concupiscences; et il trouvait son bonheur à s'immoler ainsi sans cesse par amour pour son Dieu.

PRIÈRE : *Mon Dieu, qui nous avez donné dans le bienheureux Benoît-Joseph un admirable modèle de mortification, accordez-nous d'imiter sa pénitence, afin que nous obtenions un jour miséricorde, et que nous puissions vous louer et vous bénir dans les siècles des siècles. Ainsi soit-il.*

Le Napolitain Sanzone et son fils Gabriel.

Un tailleur d'habits, nommé Augustin Sanzone, vivait pauvrement et suffisait à peine par son travail à nourrir sa famille. La Providence permit qu'il fût visité par la maladie; un rhumatisme aigu, avec enflure de tout son corps, le cloua sur son lit de douleur; et les médecins déclarèrent qu'il en avait pour six semaines au moins de souffrances, avant de pouvoir espérer la convalescence. Notre tailleur était surtout affligé de ne pouvoir sustenter ses enfants par son travail ordinaire, et il implorait souvent la miséricorde divine. La pensée lui vint de demander sa guérison par l'intercession du saint pauvre français, Benoît Labre, dont il avait souvent entendu raconter les vertus et les miracles. Il commence donc une neuvaine en son honneur, lui exposant avec simplicité l'embarras où il se trouve, et le conjurant de venir à son aide. Sa confiance ne tarda pas à être récompensée, car dès le septième jour, une amélioration sensible se faisait sentir, et à la fin de la neuvaine, il était complètement guéri.

Sanzone avait un petit garçon de trois ans, nommé Gabriel, dont les jambes se cambraient d'une manière effrayante, ce qui les rendait tout à fait incapables de soutenir son corps. La mère, dont la confiance au Bienheureux avait été exaltée par la guérison du père, se sent inspirée de s'adresser encore à lui ; elle suspend au cou de son enfant une image de Benoît-Joseph, et commence une neuvaine au serviteur de Dieu. Lorsque la neuvaine fut finie, le petit Gabriel marchait seul et sans soutien ; la cambrure avait entièrement disparu.

Cependant, quelque temps après, notre petit miraculé tombe malade ; il lui survient une tumeur à l'épaule, il s'y forme un squirrhe avec suppuration fistuleuse. Cette fois, sans balancer, notre Napolitain invoque aussitôt son protecteur, et se plaint naïvement qu'il laisse ainsi son ouvrage imparfait. Toute la famille commence une neuvaine en son honneur, et au bout de quelques jours, sans aucun remède, au grand étonnement du chirurgien, la tumeur avait disparu, l'enfant était guéri, et les heureux parents proclamaient hautement la puissance et la bonté de saint Benoît Labre.

SENTENCES DU SAINT : *La jeunesse est mauvaise, il faut lui mettre un frein.— Dans ce monde, nous sommes tous, en une vallée de larmes ; notre consolation n'est pas ici-bas ; nous l'aurons éternellement dans le paradis, si nous savons souffrir.— Il faut s'humilier, se mépriser soi-même. — Dieu nous afflige parce qu'il nous aime, et il a grand plaisir, quand il nous voit nous abandonner sur son sein paternel dans les afflictions.— Pour le soutien du corps, il suffit de peu ; le surplus n'est qu'une pâture plus abondante pour les vers.*

SIXIÈME JOUR.

L'OBÉISSANCE.

Le Sauveur Jésus a pris soin de nous montrer, lui-même, tout le mérite de l'obéissance : En entrant dans le monde, il dit à son Père céleste : « Me voici, mon Père, je viens pour faire votre volonté. » Il a voulu être soumis, pendant les trente premières années de sa vie, à la Très-Sainte Vierge et à Saint-Joseph. Enfin il nous déclare que le Christ a été obéissant jusqu'à la mort et à la mort de la croix.

Saint Benoît Joseph avait compris cette grande leçon du divin modèle ; aussi, dès sa plus tendre enfance, se montra-t-il soumis en tout à ses parents et à ses maîtres ; on le trouvait toujours docile, prévenant même les moindres désirs de ses supérieurs, et exécutant leurs ordres, malgré les obstacles, ou les inconvénients qui pouvaient en résulter pour lui.

Mais c'était surtout, lorsqu'il s'agissait des commandements de Dieu et de l'Eglise, que son obéissance apparaissait pleine de délicatesse et d'exactitude ; non seulement il ne transgressa jamais volontairement la loi Divine, même en matière légère ; mais encore son zèle le portait à reprendre ses compagnons qui étaient sur le point de commettre le péché.

Il avait tant de soumission pour les prescriptions de la sainte Église, qu'un jour de Carême, pendant qu'il était à l'Hospice évangélique, un autre pauvre lui ayant demandé de lui faire l'aumône : *Et le jeûne !* reprend Benoît-Joseph... Et il ne se décida à lui faire la charité que lorsque l'indigent lui eut expliqué qu'il avait de bonnes raisons de dispense.

Dans sa vie de pèlerin, il avait le secret de pratiquer constamment cette belle vertu d'obéissance. En arrivant dans un sanctuaire, il allait trouver le Pénitencier français, et lui faisait part de son désir de se soumettre à son obédience pour tout le temps qu'il y resterait. Il en agissait de même à Rome ; et à toutes les objections sur son genre de vie, il répondait avec fermeté : *Dieu le veut... Il faut bien que j'obéisse à Dieu.*

Aussi le Postulateur de la Cause s'écrie-t-il : « De quelque côté que nous nous tournions, nous admirons des actes de la plus éclatante soumission, et de l'obéissance, non-seulement aux préceptes et aux commandements, mais encore aux simples conseils, aux exhortations, aux avertissements de ses supérieurs. La perfection de cette vertu est proclamée par ses parents et ses proches, par ses maîtres et ses confesseurs, par ses bienfaiteurs et ses hôtes. Il l'a pratiquée sous le toit paternel, aux écoles diverses, dans les églises, sous la règle du monastère, dans ses voyages et dans les hospices. En un mot, l'obéissance fut le bouclier à l'abri duquel notre Bienheureux marcha sans-cesse dans les voies du Seigneur. »

PRIÈRE : *O mon aimable Jésus, le parfait modèle et la véritable règle des enfants de Dieu, qui nous avez dit que votre nourriture était de faire la volonté de votre Père, nous vous supplions, par les mérites de Benoît-Joseph, votre serviteur, de nous accorder la grâce de chercher en tout à vous servir et à vous plaire, afin que nos journées soient pleines devant vous et que nous méritions ainsi la couronne éternelle. Ainsi soit-il.*

Angéla Régali.

Une pieuse jeune fille de Rome, nommée Angéla Régali, était depuis longtemps souffrante d'une maladie de poitrine, avec point de côté, palpitations de cœur, oppression violente ; au bruit des grâces obtenues par l'intercession du vénérable Benoît Joseph, elle désira vivement se transporter à son tombeau ; mais son état de faiblesse ne permit pas de lui procurer cette satisfaction. Son Directeur, le Père Du Pino, l'engage néanmoins à recourir avec confiance à la protection du saint pauvre. Alors Angéla lui adresse une fervente prière et prend en boisson une bribe de ses reliques. Mais voilà qu'elle aperçoit Benoît-Joseph Labre, qui s'approche de son lit, pose la main sur sa tête, et l'exhorte à la patience. « Bienheureux, dit-elle alors, je ne vous demande qu'une grâce, celle de pouvoir reposer la nuit ; car les plus fortes doses d'opium ne peuvent me procurer un instant de sommeil. » Saint Benoît lui fait cette étrange réponse : « Soyez bien obéissante à votre Directeur, c'est de sa parole que dépendra votre sommeil. » Et en effet, elle remarqua que, les jours suivants, lorsque son Directeur, en venant la visiter, lui souhaitait un bon repos, elle dormait paisiblement. . Au bout de huit jours, Benoît-Joseph lui apparaît de nouveau, lui reproche certaines désobéissances à son Directeur, et lui déclare que sa guérison dépend de sa soumission parfaite. Quelques jours après, le Père Du Pino, venant visiter sa malade, lui fait une recommandation, au nom de l'obéissance. Angéla se rappelle la parole du Bienheureux, et s'y soumet de grand cœur... C'était le moment marqué pour l'intervention divine : toutes ses douleurs disparaissent comme par enchantement, elle se trouve parfaitement guérie. La pieuse jeune fille jouit d'une bonne santé pendant deux ans; mais alors elle retomba dans la désobéissance envers son Directeur, et la maladie vint de nouveau la visiter. Elle recourut avec instance à son bienfaiteur céleste, en promettant d'avoir plus de docilité à l'avenir, et elle vit ses souffrances s'évanouir une seconde fois. Toutefois il est si doux de faire sa volonté propre, que, quelque temps après, Angéla se permit une légère désobéissance aux recommandations du Père Du Pino, et la voilà aussitôt reprise de son terrible mal, mais d'une manière si violente, qu'on crut l'heure de sa mort arrivée, et l'on s'empressa de lui donner les derniers sacrements. Dans cette extrémité, Angéla reconnaît sa faute qu'elle déplore, elle en demande pardon à son bienheureux protecteur et le conjure de ne pas l'abandonner. La charité compatissante des saints a quelque chose de la miséricorde divine ; aussi Benoît-Joseph daigne-t-il lui apparaître une troisième fois, et après lui avoir fait comprendre tout le mérite de l'obéissance, il lui promet sa guérison aux mêmes conditions. On reconnaît bien à ce trait, notre humble pèlerin qui pratiquait si parfaitement la docilité à l'égard de son directeur. Cependant Angéla voit le Bienheureux lui arracher de la poitrine la racine du mal, ce qui lui rend aussitôt sa force et sa bonne santé. Il est probable qu'elle ne retomba plus dans le péché de désobéissance, car, pendant le reste de sa vie, elle ne ressentit plus aucune atteinte de cette cruelle maladie.

SENTENCES DU SAINT : *Qui connaît Dieu, se garde bien de commettre le péché — On peut tout avec l'aide de Dieu, pourvu qu'on le veuille véritablement. — Quand il n'y aurait qu'un damné, chacun devrait craindre de l'être ! — Marchons fidèlement dans la voie des commandements de Dieu et dans l'amour de Notre-Seigneur Jésus-Christ jusqu'à la fin de nos jours, et nous jouirons d'une récompense éternelle. — Quand on pense que nous avons promis au baptême de renoncer à Satan et à ses œuvres, pour nous attacher à Jésus-Christ !*

SEPTIÈME JOUR.

DÉVOTION POUR LA SAINTE EUCHARISTIE.

Depuis que notre divin Sauveur a fait *ses délices d'habiter au milieu des enfants des hommes*, depuis qu'il a voulu résider véritablement dans nos temples au milieu de ses enfants, le Saint-Sacrement est devenu le centre de tout le culte catholique, c'est à lui surtout que s'adressent les adorations, les hommages, l'amour des chrétiens fidèles. *Vous avez un trésor au milieu de vous, et vous ne le connaissez pas !...* Ce trésor, Benoît Joseph Labre l'avait trouvé dans la sainte Eucharistie ; aussi le vit-on, dès son enfance, adorateur assidu et passionné du Dieu de nos autels ; et on peut dire que dans tous les endroits qu'il traversa dans sa vie de pèlerin, il a laissé le souvenir de son ardent amour pour le Très-Saint-Sacrement. Mais c'est à Rome surtout qu'il passait les journées entières et même quelquefois les nuits au pied du tabernacle. Son assiduité dans les églises, où se faisaient les exercices de l'Adoration, lui avait fait donner le nom du *Pauvre des Quarante-Heures*. Et sa foi, sa piété frappaient tellement tous les assistants que plusieurs sont restés persuadés, que devant le Saint-Sacrement exposé, il voyait Jésus des yeux du corps. « Il m'a été donné, dit un vénérable prêtre, d'observer quelquefois Benoît Labre, lorsqu'il adorait Jésus dans son sacrement, exposé à la vénération publique ; je le voyais fixer souvent son regard vers l'Hostie sainte, et rester immobile ainsi pendant quelque temps ; et dans cette attitude éprouver une telle joie intérieure qu'elle transpirait au dehors d'une manière qui avait quelque chose de plus qu'humain, et qui se traduisait par une espèce de sourire qui tenait plus de l'ange que de l'homme. »

Il entendait la sainte Messe, à genoux, ne se relevant que pour les Evangiles ; à l'élévation, il courbait le front presque jusqu'à terre ; il s'unissait d'esprit et d'intention avec le célébrant, en suivant tous les actes du sacrifice jusqu'à la consommation, à laquelle il participait au moins spirituellement.

Mais c'était surtout, dans la sainte communion, qu'on voyait se manifester sa tendre dévotion pour le Dieu caché du tabernacle ; il s'y disposait par une fervente confession ; il la faisait précéder d'actes multipliés de foi, d'espérance, d'adoration, d'humilité, de respect et d'amour, et lorsque venait le moment de recevoir son divin Sauveur, il éclatait en transports : « Mon souverain Bien... Mon tout... seul et unique objet de mon cœur... Ah, venez, je vous désire, je vous attends... Venez Seigneur Jésus, venez... » Les prêtres et les fidèles admiraient, non sans émotion, son air inspiré, au moment de la sainte communion : « Je voyais, dit l'un d'eux, quand il était au moment de communier, une telle ardeur, une telle aspiration, qu'il semblait vouloir s'élancer pour recevoir plus tôt le pain eucharistique. Je n'ai jamais rien vu, et qui sait si je verrai jamais rien de semblable ? Et son action de grâces.. Rien que d'y penser, je me sens ému et attendri. »

Après la communion, Benoît Joseph s'appliquait à raviver sa foi à la présence réelle de son Dieu ; il l'adorait en union avec les anges et la Reine des cieux ; il s'humiliait encore et se consacrait de nouveau à son service, le conjurant de lui accorder de ne vivre et de ne se consumer que pour lui.

Quel admirable exemple pour nous ! Demandons à

notre Bienheureux de nous obtenir la grâce d'imiter sa ferveur, et nous retirerons de nos communions plus de fruit et de consolation.

PRIÈRE : *Mon Dieu, qui êtes le pain des anges et la manne des cieux, et qui avez voulu être la nourriture de vos fidèles sur la terre, faites, nous vous en conjurons par les mérites du Bienheureux Benoît Joseph, qu'après nous être nourris du pain de vie, avec une foi vive, une profonde humilité et un ardent amour, nous méritions de vous posséder dans le séjour des élus, nous vous en prions par Jésus-Christ Notre Seigneur, qui vit et règne dans tous les siècles des siècles. Ainsi soit-il.*

Deux miraculés au pays de Benoît Labre.

Le saint Français, en entrant dans la gloire, ne voulut pas oublier son pays natal : et peu après sa mort, on commença à parler de guérisons extraordinaires au village d'Amettes.

Une pauvre veuve, Marie Hélène Bayard, vivait bien tristement à Hesdigneul, affligée depuis quinze ans d'une paralysie de la jambe gauche, à laquelle étaient venues se joindre d'autres infirmités qui l'avaient réduite à un état si affreux, qu'elle ne pouvait plus se tenir debout, elle était obligée de se traîner sur ses genoux et sur ses mains. Elle supportait cette cruelle situation avec beaucoup de résignation, lorsqu'il lui vint en pensée d'aller implorer, elle aussi, le secours de *saint Labre*.

On la plaça avec peine sur une charrette, et elle souffrit beaucoup de la longueur du voyage et des cahots de la voiture ; enfin elle arrive à Amettes et on la porte dans l'Eglise ; là elle se met à réciter avec une grande ferveur trois Pater et trois Ave ; à peine a-t-elle fini, qu'elle ressent des douleurs très vives dans les genoux, une sueur abondante inonde son visage, et elle tombe évanouie. Mais bientôt elle se relève en s'écriant: « Jésus ! Marie ! Mon Dieu, mon Dieu ! je suis guérie ! » Puis elle assiste à genoux au saint sacrifice de la Messe, elle fait le tour de l'église, appuyée sur ses deux fils; et voilà la vénérable mère de Benoît Joseph qui vient lui offrir un peu de nourriture, au milieu d'une foule émue, accourue au bruit de cette merveille. Alors on se dirige avec elle vers Ferfay, pour entendre une messe d'actions de grâces qui est célébrée par l'abbé Jacques Joseph Labre, frère de notre Bienheureux, qui en était chapelain. Marie Hélène Bayard continue ensuite son voyage, se trouvant parfaitement guérie; à son arrivée à Hesdigneul, elle est reçue au son des cloches, et l'on chante un salut solennel, pour remercier le Seigneur d'une faveur aussi extraordinaire.

Trois ans après, Pierre Joseph Vincent de Fiefs, qui souffrait depuis quatre mois d'une paralysie sur les jambes, pria quelques-uns de ses parents de faire pour lui une neuvaine de visites à l'église d'Amettes, en l'honneur de *saint Labre;* et le 25 mars 1786, il y vint, lui-même, hissé sur un cheval avec grande difficulté ; transporté dans l'église, il assiste à la sainte messe avec une admirable ferveur ; mais tout à coup on le voit se lever, se tenir debout, et marcher, au grand étonnement de tous. Il était complètement guéri, il remonte seul à cheval, fait une partie de la route à pied, et rentre dans son village au milieu des acclamations de tous les habitants. Pour témoigner sa reconnaissance, ce brave ouvrier eut le courage de faire, pendant neuf jours, et nu-pieds, le voyage de Fiefs à Amettes, pour remercier le Seigneur et son bon serviteur Benoît Joseph Labre.

SENTENCES DU SAINT : *Si les séraphins se voilent la face de leurs ailes devant Dieu, que ne doit pas faire en présence de cette Majesté un ver de terre ? — Les irrévérences à l'église font perdre le respect dû à Dieu dans sa propre maison. — Ce sont des fautes qui déplaisent beaucoup au bon Dieu, qui font horreur aux anges et qui causent grand dommage à l'âme.—Dieu regarde tous ceux qui prient dans une église ; mais il distingue celui qui surpasse les autres en foi, en charité et en union avec Jésus-Christ.*

HUITIEME JOUR.

DÉVOTION A LA PASSION DU SAUVEUR.

Lorsque nous considérons l'Enfant-Dieu, couché sur

un peu de paille, dans la pauvre étable de Bethléem, pour nous racheter du péché, nous redisons dans un profond sentiment de reconnaissance ; *Comment ne pas aimer celui qui nous a tant aimés!* Quels seront donc les élans de notre cœur, lorsque nous nous transporterons par la pensée au pied du Calvaire où Jésus consomme son sacrifice au milieu des humiliations et des souffrances? Benoît Labre ne passait aucun jour sans méditer sur la passion et la mort du Sauveur ; c'est au pied de la croix qu'il avait puisé son immense désir de mépris, d'humiliations, de souffrances, d'immolation pour l'amour de son Dieu. Lorsqu'il considérait d'une part tant de grandeur et de majesté dans l'Auteur de tout bien ; et de l'autre un si grand avilissement, des opprobres, des tourments si recherchés, une mort si cruellement ignominieuse, son cœur était oppressé par la compassion, se brisait par la violence de la douleur.

La seule image de la croix lui occasionnait de saints transports ; et l'on a pu dire de notre bienheureux comme de saint François d'Assise, qu'il pleurait sur son Bien-Aimé et que son âme souffrait véritablement avec lui... Il semblait que Benoît-Joseph n'aurait pas été plus affligé, quand il eût été attaché, lui-même, à la croix, en sorte qu'il pouvait dire avec saint Paul : *Je suis cloué à la croix avec Jésus-Christ.*

Saint Benoît Labre montait plusieurs fois par semaine *le saint Escalier* avec une grande dévotion et en versant des larmes abondantes sur les souffrances de Celui qui le gravit un jour pour paraître devant un juge dédaigneux et être présenté à la multitude comme l'Homme de douleur. Il allait aussi fréquemment visiter *la sainte Colonne* à laquelle le Sauveur fut attaché ; il y méditait longuement sur la cruelle flagellation et il offrait au Seigneur de ferventes réparations pour les iniquités des hommes, véritable cause de ses souffrances.

Mais il avait surtout une dévotion particulière à faire le chemin de la croix ; il s'acquittait de ce pieux exercice, presque chaque jour, soit au Colysée dont il aimait la solitude, soit en d'autres endroits, et il le faisait avec une telle componction, que bien des personnes ne pouvaient détacher leurs yeux de *ce saint pauvre qui ressemblait tout à fait à Jésus-Christ portant sa croix.*

C'est dans la méditation des souffrances du Sauveur, qu'il avait puisé son horreur instinctive pour tout ce qui est offense de Dieu, et son courage à persévérer jusqu'à la fin dans son genre de vie d'abnégation, de souffrance, d'immolation continuelle.

Prière : *Dieu tout-puissant et éternel qui avez voulu que le Sauveur souffrît la mort de la croix pour racheter le monde, et qui nous comblez chaque jour de vos grâces et de vos faveurs, accordez-nous, par la puissante intercession de votre fidèle serviteur Benoît-Joseph, de porter courageusement notre croix et de répondre dignement à votre amour, afin de vous posséder un jour dans l'éternité bienheureuse, vous qui vivez et régnez dans tous les siècles des siècles. Ainsi soit-il.*

PRIÈRE TRÈS EFFICACE

*Pour obtenir toutes les grâces, et miséricordes divines,
Dans toutes les calamités, épidémies, dangers et maladies,
Merveilleusement propagée par le vénérable Benoît-Joseph Labre.*

I. Père éternel, miséricorde par le sang de Jésus ! Marquez-nous du sang de l'Agneau immaculé, Jésus-Christ, comme vous fîtes marquer les portes de votre peuple d'Israël, afin de le préserver de la mort ; et vous, Marie, Mère de miséricorde, priez et apaisez Dieu pour nous, et obtenez-nous la grâce que nous demandons.

Gloire au Père, au Fils, et au Saint-Esprit, à présent et toujours, comme dès le commencement, et dans tous les siècles des siècles. Ainsi-soit-il.

II. Père éternel, miséricorde par le sang de Jésus ! Sauvez-nous du naufrage de ce monde, comme vous sauvâtes Noé du déluge universel ; et vous, Marie, arche de salut, priez et apaisez Dieu pour nous, et obtenez-nous la grâce que nous demandons. *Gloire au Père...*

III. Père éternel, miséricorde par le sang de Jésus ! Délivrez-nous des fléaux que nous avons mérités, comme vous délivrâtes Lot de l'incendie de Sodome ; et vous, Marie, notre Avocate, priez et apaisez Dieu pour nous, et obtenez-nous la grâce que nous demandons. *Gloire au Père...*

IV. Père éternel, miséricorde par le sang de Jésus ! Consolez-nous dans nos besoins et nos tribulations présentes, comme vous consolâtes Job, Anne et Tobie dans leurs afflictions ; et vous, Marie, consolatrice des affligés, priez et apaisez Dieu pour nous, et obtenez-nous la grâce que nous demandons. *Gloire au Père...*

V. Père éternel, miséricorde par le sang de Jésus ! Vous ne voulez pas la mort du pécheur, mais qu'il se convertise et qu'il vive ; donnez-nous par votre miséricorde le temps de faire pénitence, afin que, revenus à vous et repentants de nos péchés, qui sont la cause de tous nos maux, nous vivions dans la foi, l'espérance et la charité, en paix avec Notre-Seigneur Jésus-Christ ; et vous, Marie, refuge des pécheurs, priez et apaisez Dieu pour nous, et obtenez-nous la grâce que nous demandons. *Gloire au Père...*

O sang précieux de Jésus, notre amour, criez à votre divin Père miséricorde, pardon, grâce et paix pour nous, pour... et pour tous. *Gloire au Père...*

O Marie, notre Mère et notre espérance, priez pour nous, pour... et pour tous ; et obtenez-nous la grâce que nous demandons. *Gloire au Père...*

Immaculée Marie, Mère de Dieu, priez Jésus pour nous, pour... et pour tous.

Jésus et Marie, miséricorde !

Saint Michel-Archange, saint Joseph, saint Pierre et saint Paul, protecteurs de tous les fidèles de l'Eglise de Dieu, et vous tous Anges, Saints et Saintes du paradis, priez et sollicitez grâce et miséricorde pour nous, pour... et pour tous. Ainsi-soit-il.

SENTENCES DU SAINT : *Que fait ce crucifix dans votre chambre ? Il est là, pour juger dans quel état sont les affaires de votre maison, de votre emploi, de votre conscience. — Il faut s'humilier, se mépriser soi-même, prier et déposer tout au pied de la croix de Jésus, avoir confiance en la bonté de Dieu, et attendre avec patience et* résignation tout ce qui arrivera. — *Tout ce qu'on souffre pour l'amour de Jésus crucifié est peu de chose.*

ASPIRATION FRÉQUENTE DE SAINT BENOÎT LABRE : *A moi, à moi cette croix ! elle m'est due pour mes péchés. Elle est mal placée sur vos épaules, ô bon Jésus !*

NEUVIÈME JOUR.

AMOUR FILIAL POUR LA TRÈS SAINTE VIERGE.

Dès sa tendre enfance, Benoît-Joseph Labre avait choisi la Mère de Dieu pour sa Patronne spéciale, et il avait placé en Elle, après Dieu, toutes ses affections. On voit encore dans l'église d'Amettes l'autel de Notre-Dame du Mont Carmel, devant lequel il se consacra à Marie. Mais ce fut surtout, lorsqu'il quitta sa famille, pour obéir au conseil évangélique, qu'il ne voulut plus avoir d'autre Mère que la très Sainte Vierge dont il se montra toujours le fils le plus aimant et le plus dévoué. Dans ses voyages, il portait toujours un chapelet suspendu à son cou, comme marque publique de sa dévotion à la Mère de Dieu ; il récitait, chaque jour, cette couronne de prières, en méditant sur les mystères du Rosaire ; il ne manquait jamais de lui offrir aussi le Petit Office et les Litanies de Lorette. Il avait une dévotion spéciale à l'Immaculée Conception, dont il suivait la Neuvaine avec une grande exactitude ; il honorait d'un culte particulier Notre-Dame des Sept-Douleurs ; et lorsqu'il faisait le chemin de la croix, il avait soin de compatir aux douleurs de la Mère de Dieu. Ses nombreux pèlerinages dans les sanctuaires les plus célèbres de Marie, prouvent aussi sa tendre piété à son égard. Du reste, il suffisait de le voir prosterné devant la Madone de Notre-Dame des Monts pour comprendre quels étaient les sentiments dont son âme était pénétrée ; pendant huit ans, il passa presque toutes ses matinées au pied de l'image vénérée, à genoux, immobile, sous l'œil de Marie, tout occupé d'Elle, se consumant d'amour ; on ne pouvait le contempler, priant sa bonne Mère, sans être aussi touché qu'édifié des transports de sa tendresse. Lorsqu'il se croyait seul, il laissait quelquefois échapper à demi-voix ces invocations : *Ma Mère ! O Marie ! Ma Mère !* Et il avait coutume de saluer les personnes à qui il devait parler, par ces mots : *Loués soient Jésus et Marie.*

Enfin notre Bienheureux, dans ses dernières années, avait consacré à Marie tous les instants de sa vie; il cherchait tous les moyens de plaire à sa bonne Mère, et s'efforçait d'imiter les vertus de cette Vierge sainte, la pureté angélique de ses mœurs, le souverain mépris de toutes les choses du monde, l'humilité la plus profonde, le détachement le plus absolu de lui-même ; accomplissant ainsi parfaitement la recommandation de saint Jérôme : « Mes très chers Frères, honorez Marie que vous aimez, mais sachez que vous ne l'aimez véritablement, qu'autant que vous imitez Celle que vous aimez. »

C'est ainsi qu'il mérita, au jour de sa mort, d'avoir sa dernière défaillance aux pieds de la Madone bénie ; de rendre le dernier soupir, au moment où l'on invoquait pour lui le secours de la très Sainte Vierge, et d'avoir son tombeau devant l'autel de sa Mère bien-aimée.

Prière : *Nous vous supplions, ô Dieu plein de miséricorde, par les mérites et l'intercession de votre fidèle serviteur, Benoît-Joseph Labre, de nous accorder une piété sincère et un amour filial envers la glorieuse Vierge Marie, votre très sainte Mère, afin que par le secours de sa puissante protection, nous obtenions le pardon de nos iniquités et la grâce d'arriver à la bienheureuse éternité ; nous vous le demandons au nom de Jésus-Christ Notre-Seigneur. Ainsi-soit-il.*

Le soldat Jean-Louis, dit Joli-Cœur.

En 1782 se trouvait en garnison dans la ville de Toulon, un soldat, originaire de Passy, qui avait nom Jean-Louis, dit *Joli-Cœur.* Il fut blessé par deux coups de baïonnette, dont l'un lui traversa le bras près du poignet et coupa les nerfs de trois doigts. Malgré les soins du chirurgien de l'hôpital militaire, il resta tout à fait estropié de la main droite, et fut bientôt congédié comme inhabile pour le service. Il revint alors habiter Saint-Germain-en-Laye, où une personne riche eut pitié de lui et le prit comme domestique, malgré son infirmité. Joli-Cœur entendit en 1784 raconter une guérison extraordinaire obtenue par l'intercession de saint Labre et il se demanda pourquoi, lui aussi, n'obtiendrait pas sa grâce. Il se met donc en devoir de commencer une neuvaine, en récitant chaque jour, matin et soir, cinq *Pater* et cinq *Ave*. De plus, il donne quelqu'argent à une pauvresse, pour qu'elle aille assister à la Messe pour lui et y prier à son intention. Cependant la neuvaine se termine, et Joli-Cœur n'était pas guéri; il ne se décourage pas et recommence bravement une seconde neuvaine; il arrive ainsi au troisième jour, lorsque tout à coup, à son grand étonnement, il s'aperçoit que son bras est revenu à son état normal et que ses doigts ont repris leur mouvement sans effort et sans douleur. Dans sa joie, il s'écrie : « Ah, mon Dieu, je suis guéri, » et il se met à faire exécuter toutes sortes d'évolutions à son bras et à sa main, pour prouver qu'il est bien réellement guéri. Il ne lui resta que deux grandes cicatrices, qu'il montrait à tout venant, en proclamant la puissance de son glorieux protecteur.

Dans la même ville, vivait une sainte demoiselle, fille de M. Fournier, notaire, qui souffrait depuis quinze ans d'horribles douleurs avec une admirable patience. Une de ses amies lui envoya le portrait du vénérable Labre, avec un récit des miracles qui s'opéraient à Rome. Néanmoins, résignée à la volonté divine au milieu de ses épreuves, elle eut quelque peine à se décider à demander au nouveau saint la grâce de sa guérison; elle commence enfin une première, puis une seconde neuvaine avec un grand abandon entre les mains de Dieu; or, le quatrième jour, elle fut bien surprise, en se réveillant, de ne plus sentir aucune douleur; elle avait retrouvé sa force et l'usage de ses jambes; elle put se lever; et quelques jours après, elle se rendait, à pied, à l'église, pour la messe d'actions de grâces, au milieu de toute la population qui prenait part à la joie de la famille, et qui proclamait la puissance de celui que le Seigneur avait voulu exalter d'une manière si extraordinaire.

SENTENCE DU SAINT : *La très sainte Vierge est, après Jésus-Christ son Fils, notre plus puissante avocate auprès de Dieu. Nous la prions souvent d'intercéder pour nous à l'heure de notre mort; c'est le salut de ceux qui pensent à ce qu'ils disent, lorsqu'ils lui adressent cette prière :* Priez pour nous, maintenant et à l'heure de notre mort, *et qui le disent avec la disposition où ils voudraient être au moment réel de la mort.*

NOTICE SUR LE VILLAGE D'AMETTES

et sur les précieux souvenirs de saint Benoît Labre qui y sont conservés.

Le village d'Amettes est situé dans une étroite vallée, au centre du quadrilatère formé par les villes de Norrent-Fontes, Lillers, Pernes et Houdain. Il est arrosé par la Nave, au cours paisible, lorsqu'elle n'est point grossie par les fontes de neiges ou les eaux torrentielles des orages ; il y a peu d'années, il n'était, pour ainsi dire, abordable que pendant les courts mois de l'été ; mais Amettes a profité à son tour des travaux qui ont tant amélioré les voies de communication ; les routes qui y conduisent sont devenues praticables en tout temps. La station de Lillers sur la ligne de Paris à Calais et Dunkerque par Béthune se trouve à huit kilomètres de ce village.

Malbrancq rapporte que l'Eglise de Saint-Sulpice d'Amettes possédait une fiole merveilleuse d'huile apportée du Mont Sinaï. Mais ce qui fit la célébrité de ce village et sa véritable gloire, c'est l'honneur d'avoir été le berceau du bienheureux Benoît-Joseph Labre. A peine cet homme extraordinaire fut-il mort à Rome, que sa réputation de vertu et les miracles opérés par son intercession firent accourir de nombreux visiteurs à Amettes, les uns pour témoigner leur reconnaissance des faveurs qu'ils avaient obtenues, les autres pour implorer à leur tour la puissante protection du nouveau saint; et ce concours de pèlerins n'aurait sans doute pas été interrompu un seul instant, si la Révolution ne fût venue arrêter tous les élans religieux, car déjà on s'y portait en foule, et des pays les plus éloignés; mais aussitôt que l'exercice du culte eut recouvré sa liberté, l'affluence recommença avec une nouvelle ardeur et ne fit qu'augmenter de plus en plus.

Cet accroissement devint bien autrement remarquable, depuis que le Souverain-Pontife eut accordé à ce village une précieuse relique du saint (la rotule du genou). On peut dire qu'il ne s'est passé depuis lors aucun jour, sans qu'on vît arriver des pèlerins à l'église et à la maison de Benoît. Ce fut le 19 juillet 1860 que le Père Virili, Postulateur de la Cause, et missionnaire du Précieux-Sang, apporta à Amettes cette relique insigne; on avait organisé pour la cérémonie une magnifique procession où figuraient plus de deux cents prêtres, et l'on évalua le nombre des spectateurs à plus de quinze mille. Après la procession, le R. Père Desnoyers, que désignait d'avance pour cette mission sa vie si intéressante du Bienheureux, fit en plein air le panégyrique du nouveau saint.

Depuis cette époque, chaque année voit revenir en foule, non-seulement les paroisses voisines, mais même celles qui sont à une grande distance; elles arrivent à pied, croix en tête, bannières déployées, faisant retentir les airs de pieux cantiques. Le plus souvent ces nombreux pèlerins s'approchent du Banquet divin; puis ils se font un devoir de descendre à la maison du Bienheureux, et là encore, donnent à leur protecteur les marques les plus touchantes de leur respectueuse affection. Bien plus, presque toutes les villes du diocèse d'Arras ont été solennellement offrir leurs hommages au héros d'Amettes; on a organisé des pèlerinages à Saint-Omer, à Hesdin, à Aire, à Béthune, à Saint-Pol, à Arras, à Boulogne; et la même chose se fit dans un grand nombre de villes du diocèse de Cambrai. De toutes les parties de la France, sont venus de pieux pèlerins; nos frontières ne les ont même point arrêtés; il en est arrivé de Belgique, d'Angleterre, de Savoie, des États du Pape, et d'autres contrées lointaines. Nous devons une mention particulière au vénérable Chapitre de la cathédrale d'Arras, qui voulut y célébrer une messe solennelle, et témoigner ainsi hautement de sa dévotion au Bienheureux Benoît : « Le « sermon fut prononcé par M. le chanoine Robitaille; « les nobles pèlerins visitèrent ensuite l'oratoire, la mai- « son et la chambre de Benoît Labre, où ils se sont dis- « tingués par de pieux larcins, emportant des éclats de « vieux bois comme de précieux souvenirs. »

Vers la fin de la même année, on y vit aussi Monseigneur Parisis, l'illustre évêque d'Arras, Boulogne et Saint-Omer, venir se mettre publiquement sous la protection de celui à la gloire duquel il avait si puissamment travaillé.

L'attrait naturel que l'on ressentait pour visiter le pays natal de saint Benoît Labre s'était encore augmenté par le récit que l'on faisait de nombreuses guérisons, de grâces extraordinaires, obtenues par son entremise dans ce sanctuaire qui devait lui être particulièrement cher. Ainsi nous lisons les faits suivants dans les annales du pèlerinage :

Un père dans la douleur était venu plusieurs fois demander la gérison de son fils atteint d'aliénation mentale; pour prix de sa persévérance, exaucé enfin, il fit le pèlerinage avec ce même fils parfaitement guéri, qui a laissé comme souvenir de sa reconnaissance une médaille d'argent de grand module. — Une jeune fille épuisée par la maladie s'était fait transporter à Amettes; et, après avoir prié quelque temps avec foi devant l'autel du Bienheureux, elle se releva, ayant subitement retrouvé ses forces; depuis lors, elle est venue à diverses reprises remercier son bienfaiteur et s'est plu à contribuer à la décoration de son autel. — Une autre jeune fille de Sibiville, attaquée d'horribles ulcères qui lui rongeaient la figure et la forçaient de la tenir voilée, s'unit à ses compagnes pour faire une neuvaine au Bienheureux et obtint sa guérison complète. — Deux personnes de Gand vinrent en pèlerinage, pour remercier Benoît Labre d'une faveur qu'il leur avait obtenue et offrirent à l'Eglise un superbe ciboire sur le pied duquel est gravé le portrait du saint. — Un zouave pontifical, dangereusement blessé, fut ramené chez ses parents dans un état désespéré ; mais il a confiance dans le Bienheureux, il fait plusieurs neuvaines en son honneur, et, quelques mois après, il arrive à Amettes proclamer, lui aussi, la puissance du saint pauvre. — Un petit enfant de Bourg-Marais était attaqué d'une maladie de la moëlle épinière ; déjà il avait perdu l'usage des jambes et des bras ; les médecins le regardaient comme incurable. Ses parents au désespoir l'apportèrent à Amettes, et lui firent baiser la relique du Bienheureux ; l'enfant unit sa prière innocente à celles de ses parents ; quelque temps après, il revenait à ce sanctuaire béni, en parfaite santé, remercier son puissant protecteur. — Une petite fille pauvre ayant été guérie d'une manière non moins frappante et contre toute espérance, les habitants de son village se cotisèrent pour offrir en son nom un beau cœur en or et argent ciselé, qui fut apporté à Amettes par une députation à la tête de laquelle figuraient le Maire et le Curé.

Un jour où l'affluence des pèlerins avait été fort nombreuse, Amettes fut le théâtre de deux faits extraordinaires. Un jeune homme de Merville qui, malgré ses infirmités, avait voulu suivre la procession, se trouve tout à coup guéri et laisse publiquement ses béquilles en ex-voto. Une pauvre femme du village d'Œuf, frappée d'une surdité complète, était venue, disait-elle, pour être guérie ; elle passa toute la journée à prier avec ferveur, à l'oratoire et à la chambre du Bienheureux ; sa confiance ne fut pas trompée, car, le soir, au grand étonnement de tous ceux qui la connaissaient, elle avait recouvré l'ouïe parfaitement.

Ces quelques traits paraîtront sans doute suffisants, pour encourager à entreprendre le pèlerinage d'Amettes ; et ils montrent clairement combien le Seigneur est disposé à récompenser ceux qui viennent visiter pieusement le lieu de naissance de son fidèle serviteur.

Amettes est véritablement privilégié sous le rapport

les souvenirs qui sont conservés de saint Benoît Labre. Il n'y a pas jusqu'aux chemins cailloteux qu'on est obligé de parcourir, qui ne rappellent les mortifications extraordinaires qu'il pratiquait dès son enfance, marchant dans ces sentiers, avec des souliers sans semelles, afin de s'habituer aux austérités de la vie de pèlerin. En entrant dans l'église, les yeux se portent tout d'abord sur une belle statue de saint Benoît Labre, les bras croisés sur la poitrine, le chapelet au cou, les yeux levés vers le ciel ; on se sent profondément ému et l'on invoque avec ferveur celui que l'on vient honorer en ces lieux bénis. Sous l'autel principal, on remarque la paillasse sur laquelle le saint rendit le dernier soupir à Rome. Sur le côté, on aperçoit un portrait du Bienheureux, qui fut rapporté de la Ville Sainte par le vénérable Curé d'Amettes, M. l'abbé Decroix, et qui est la copie exacte de ce beau portrait exécuté, du vivant même de Benoît, par un peintre français, qui avait trouvé dans son air extatique un type frappant de la figure du Christ. Un peu plus loin, on voit encore l'ancien autel, où le jeune Labre servait la Messe avec une piété, un recueillement qui faisaient l'admiration de tous. De l'autre côté, c'est l'autel de Notre-Dame du Mont Carmel, où il se consacra à la très Sainte Vierge et où il aimait tant à réciter son rosaire.

En sortant de l'église, on se trouve dans le cimetière, et l'on peut suivre le sentier qui conduisait chaque jour notre Bienheureux au temple saint. Encore quelques pas, et nous entrons dans la prairie qui s'abaisse en pente rapide et dirige nos regards vers la maison paternelle de Benoît-Joseph. Cette maison, dont l'aspect dénote une certaine aisance, a été conservée, autant que possible, telle qu'elle était alors. La chambre qu'habitait le jeune Labre est une mansarde étroite, ménagée dans les combles ; on y voit l'endroit où il se couchait par terre, à côté de son lit, et un livre de méditations dont il faisait un fréquent usage. On a dressé un autel dans cette cellule sanctifiée, où l'on ne peut pénétrer sans ressentir une profonde émotion. En face de la maison, sur l'emplacement d'une ancienne grange, dans laquelle Benoît se retirait souvent pour prier, on a construit un petit oratoire, qui est orné de nombreux *ex-voto*. Enfin tout le long du sentier qui conduit de la maison du Saint à l'église, se trouvent quatorze jolis édicules ou chapelles gothiques, contenant les scènes de la Passion en magnifiques bas-reliefs ; on a eu la bonne pensée d'établir ce chemin de croix monumental, afin de proposer aux pieux pèlerins cette dévotion si chère au cœur du Bienheureux.

Les religieuses Augustines d'Arras ont un établissement à Amettes ; elles ne s'occupent pas seulement de l'instruction des petites filles, mais elles offrent aussi le logement aux Dames, et nous n'avons pas besoin d'ajouter qu'elles portent bien leur titre d'*hospitalières*, en recevant avec tant d'attentions et de charité les personnes qui viennent en pèlerinage pendant l'année, ou qui se réunissent chez elles pour la Retraite annuelle prêchée aux Dames dans le sanctuaire.

Une autre Retraite se fait pendant le temps pascal, pour les hommes, qui reçoivent toujours une hospitalité fraternelle chez les RR. Pères Maristes, chargés de desservir le pèlerinage. Les bons Pères se dévouent à cette mission avec un zèle admirable ; ils sont toujours là, disposés à recevoir les pèlerins, à les entendre, à les réconcilier avec Dieu, ce qui doit être le but principal, qu'un chrétien se propose dans un pèlerinage. Ils ont des paroles de consolation pour ceux qui sont dans la peine, d'encouragement pour ceux qui sont tentés de désespoir ; de sages conseils pour ceux qui sont dans le trouble et l'anxiété.

Heureux ceux qui sont déjà venus prier saint Benoît Labre dans ce village où tout parle au cœur ! Ils en auront emporté un délicieux souvenir et se seront promis de venir de nouveau goûter ces célestes consolations.

O vous, qui n'avez pas encore accompli ce pieux pèlerinage, venez à Amettes avec foi et humilité, venez vous prosterner dans cette chambre bénie, au pied de cet autel privilégié, vous y jouirez de douces émotions et vous obtiendrez d'ineffables bénédictions.

TABLE

	Pages
Hommage de vénération et de reconnaissance.	v

CHAPITRE I. — La patrie. — Famille patriarcale. — Naissance de Benoît-Joseph Labre. — Heureuses dispositions pour l'étude et la piété. — Ses premiers maîtres d'école. — L'arbre séculaire. 9

CHAPITRE II. — Benoît-Joseph chez son Oncle. — M. le Curé d'Érin. — Les trois processions. — La première communion. Influence de Benoît sur ses camarades. — Complaisance et charité 13

CHAPITRE III. — Le Dieu de l'Eucharistie. — Les fraises et l'enfant. — Réputation de sainteté. — Le typhus et le Martyr de la charité. — le Père l'Aveugle . . 19

CHAPITRE IV. — Retour à Amettes. — Trois cœurs dans un. — L'oncle Vincent. — Séjour à Conteville. — La chartreuse de Longuenesse. — Voyage à la Trappe. 27

CHAPITRE V. — Monseigneur de Pressy et saint Benoît Labre. — La chartreuse de Neuville. — Lettres de saint Benoît. — Notre-Dame de Sept-Fonts. — Paray-le-Monial 34

CHAPITRE VI. — Vie de Pèlerin. — La Confrérie des Cordeliers. — Vincente Roche. — La prière miraculeuse. — Les prisonniers de Bari. — Multiplication des pains. — Le barbier chirurgien. 40

CHAPITRE VII. — Notre-Dame de Lorette. — L'abbé Valéry. — Les époux Sori. L'ex-trésorier du Schah de Perse. — Guérison d'un enfant. — Le Père Temple. — Les blasphémateurs 50

Chapitre VIII. — Séjour à Rome. — Le Colysée. — Jacqueline de Picardie. — L'hospice évangélique. — La Madone miraculeuse. — Notre-Dame des Monts. — Les Maronites 58

Chapitre IX. — Le boucher Zaccarelli. — Prédiction de mort prochaine. — Don de bilocation. — La fête du Sacré-Cœur. — Les derniers moments de saint Benoît Labre. — Merveilles qui accompagnent ses obsèques 66

Chapitre X. — Glorification du saint pauvre après sa mort. — Nombreux miracles. — Solennité de la béatification. — Les fêtes d'Arras. — Décret de la canonisation 75

Neuvaine à saint Benoît Labre. — Sœur Angèle et la visiteuse inconnue. — Le marin Joseph Bonnemain et le bancroche. — Sœur Melchiore du Crucifix. — La médaille de Tolentino et le revenant. — Le Napolitain Sanzone. — Angéla Régali. — Deux miraculés d'Artois. — Prière très efficace. — Le soldat Jean-Louis, dit Joli-Cœur 83

Notice sur le pèlerinage d'Amettes. — Précieux souvenirs de saint Benoît Labre, qui y sont conservés. — Maison paternelle. — Miracles nombreux. — Chemin de croix monumental 113

Arras, imp. du Pas-de-Calais. P.-M. Laroche, dir.

www.ingramcontent.com/pod-product-compliance
Lightning Source LLC
Chambersburg PA
CBHW070520100426
42743CB00010B/1891